H I H A I T I

아이티 안녕!

이한솔 지음

도서출판 기쁜소식

저자의 글

내가 왜 그토록 넘어져야 했는지 알 수 있었다.
수없이 넘어진 다른 이들의 손을 잡기 위함이었다.

많이 넘어졌다. 어느 날은 더이상 일어날 힘조차 없는 것처럼 느껴졌다. 어차피 다시 일어나도 또다시 넘어질 것이 자명했기 때문이다. 나는 인생을 포기한 채 내일이 없는 사람처럼 살았다. 속절없이 시간이 흘렀다. 꿈도 희망도 없는 하루하루의 반복이었다. 그런 나에게 누군가 손을 내밀어 주었다. 처음 느껴 보는 따뜻함이었다. 그 손을 잡고 나는 일어섰고, 새로운 길을 걷기 시작했다.

2012년, 중남미에 있는 아이티에서 선교를 시작했다. 아이티에서 나는 여전히 많이 넘어졌다. 억울하게 누명을 쓰고 감옥에 가기도 했고, 먹을 게 떨어져 발을 동동 구르기도 했다. 지방에 다녀오다 무장 갱단의 습격을 받아 수십 발의 총알을 맞기도 했고, 갱단에 납치되어 14일 간 억류되기도 했다.

나는 자주 넘어졌다. 그런데 나는 더이상 혼자가 아니었다. 내 곁에는 나에게 손을 내미는 수많은 이들이 있었다. 부끄럽게도, 나는 오랫동안 그 손을 보지 못했다. 아마 외면한 것은 그들이 아니라 나였을지도 모른다. 나는 그 손을 잡고 다시 일어섰고, 서툴지만 길을 걷기 시작했다. 포기해야 할 이유는 여전히 많았다. 그러나 나는 더이상 포기할 수 없었다. 그리고 더욱 깜짝 놀란 건, 내 손을 잡고 일어서는 수많은 사람들이 생겨나기 시작한 것이다.

우리는 아이티에서 학교를 시작했고, 아이들을 교육했다. 내가 가장 행복했던 순간은, "선교사님, 저도 커서 선교사님 같은 사람이 되고 싶어요."라는 아이들의 말을 들을 때였다. 자신은 안 된다며 벽에 머리를 찧으며 괴로워하던 아이, 엄마 앞에서 손목을 여러 번 그은 아이, 이상하게도 나는 그 아이들이 밉지 않았다. 오히려 훗날 그 아이들이 어머니의 품에 안긴 채 고맙다고 이야기하는 날이 올 것이 그려졌다.

그것은 내 마음이 아니었다. 하나님은 수많은 아이티 사람들의 손을 잡게 하려고 먼저 나를 수렁에 빠지게 하셨다. 아이티에 도착하고 나서야 나는 내가 왜 그토록 넘어져야 했는지 알 수 있었다. 그것은 수없이 넘어진 다른 이들의 손을 잡기 위함이었다.

가장 먼저 나에게 손을 내밀어 주셨던 나의 스승 박옥수 목사님, 나로 인해 누구보다 마음고생을 많이 하셨으면서도 늘 제자리에서 나를 위해 기도하며 나의 든든한 등대가 되어 주신 부모님, 그리고 많은 어려움 가운데에서도 늘 나에게 위로와 힘이 되고 나를 다시 일으켜 주었던 사랑하는 아내, 무엇보다 이 모든 이들을 내게 주신 하나님께 모든 감사와 영광을 돌린다.

목 차

01 방 황

02 새로운 출발선에서

03 변화되는 사람들

04 감 옥

05 풀 수 없을 것 같던 문제

06 디모데, 그리고 콘서트

07 빗발치는 총알 속에서

08 또다시 지진

09 새로운 곳으로

10 납 치

아 이 티   안 녕

1장

방황

방 황

현실 도피

중학교 입학식 날, 몸에 꼭 맞는 교복을 멋지게 입고 한껏 들뜬 많은 친구들 틈에서, 나는 어느 선배가 졸업하면서 학교에 기증한 교복을 줄여서 입고 한쪽이 찢어진 만 원짜리 운동화를 신고 있었다. 다른 친구들은 입학을 축하하는 부모님들의 성원 속에서 새로운 시작을 잔뜩 기대하는 모습이었지만 우리 부모님은 역시 오시지 않았고, 나는 그런 내 모습이 초라하게만 느껴졌다.

입학식을 마치고 심술이 잔뜩 난 채 집으로 돌아와 가방을 한쪽에 툭 던져놓고 아버지에게 졸랐다.

"아버지, 저도 이제 중학생인데 메이커 운동화 하나만 사주세요!"

작은 교회의 목사이신 아버지에게는 십만 원이나 하는 메이커 신발을 사주는 게 무리라는 사실을 잘 알고 있었지만, 가난하게 사는 게 싫어서 그렇게라도 심통을 부리고 싶었다.

"한솔아, 우리 교회 형제 자매님들도 자녀들에게 메이커 신발을 사주지 못하고 헌신적으로 교회를 섬기시는데, 어떻게 목사 아들이 비싼 신발을 신고 다니겠냐?"

메이커 신발을 신지 못하는 게 교회 탓은 아니었지만, 자식보다 성도들을 더 생각하시는 아버지를 보면서 '목사 아들만 아니었으면, 교회만 아니었으면 비싼 옷도 입고 좋은 신발도 신고 다니며 기죽지 않고 살았을 텐데, 교회 때문에 내가 하고 싶은 대로 못 하는구나.' 하며, 아버지를 교회에 빼앗긴 것 같이 마음속 원망의 화살이 교회를 향했다.

하루는 학교에서 학비 감면 신청서를 제출했다. 선생님이 교실에서 학비 감면을 신청한 학생들 명단을 보다가 내 이름을 불렀다.

"이한솔, 너도 신청했네? 네 아버지 목사라며? 아버지가 목사면 자동차도 여러 대 있고 돈도 많을 텐데 뭐하러 학비 감면 신청서를 내냐?"

순간 모두 나만 쳐다보는 것 같았다. 나는 얼굴이 홍당무처럼 빨개졌다. 이른 아침부터 밤늦게까지 복음을 전하시는 아버지, 우리에게 필요한 것이 있으면 누구에게도 내색하지 않고 가족들을 방에 불러모아 기도하시는 아버지, 하나님만 바라보고 사시고 그렇게 살아야 한다고 가르치신 아버지의 뒷모습을 보며 나는 살아왔다. 그런데 한순간에 내가 돈 많은 목사의 아들이 되어 있었다. 마음을 다 쏟아 복음을 전하며 사시지만 누구도 알아주지 않는 길을 걷는 아버지가 원망스러웠다. 복음을 위해 일생을 드리신 아버지의 삶이 가치있게 느껴지는 것이 아니라, 사람들의 차가운 시선이 나를 날카롭게 만들고 고통스럽게 했다.

나는 아버지가 목사인 것이 싫었다. 정확히 말하자면, 목사를 바라보는 사람들의 왜곡된 시선이 싫었다. 아버지 탓이 아님을 알고 있었지만 내 원망은 아버지와 교회를 향했다. 태풍에 휩쓸린 것처럼 원망하는 마음에 걷잡을 수 없이 휘말려 제어가 되지 않았다. 나는 빠르게 엇나가기 시작했다. 신앙생활은 물론 공부조차 하기 싫었다. 친구들과 어울려 술과 담배를 하기 시작했고, 게임에 빠져 지냈다. 급식비로 내야 할 돈을 게임 하는 데 다 써서 점심은 굶기 일쑤였다. 친구들은 술과 담배와 게임에 찌든 나를 폐인이라고 불렀지만 나는, 그렇게 해서라도 현실을 도피하고 싶었다.

아버지의 인생

아버지는 목사가 되기 전에 교사를 꿈꾸셨고, 사범대학을 졸업하신 뒤 교단에 서셨다. 돈을 벌기 위해서나 명성을 얻기 위해서가 아니었다. 지독하게 가난한 어린 시절을 보낸 아버지는 죽음의 고비를 자주 만나셨다. 물에 빠져서, 집이 무너져서 죽을 뻔한 적도 있었고, 연탄가스에 중독되어 난생처음 병원에 실려가 다음 날 깨어나신 적도 있었다. 죽음을 가까이 접한 아버지는 죽음 이후를 생각하고, 삶의 의미와 진리를 찾으셨다.

아버지가 교사가 되겠다는 꿈을 가지신 것도, 의미와 보람을 느낄 수 있는 삶을 살고 싶으셨기 때문이었다. 학생들에게 인생의 길잡이가 되어줄 수 있는 교사의 길이 아버지의 마음을 사로잡았고, 인문학을 좋아하셨던 아버지는 국어 교사가 되셨다. 하지만 얼마 지나지 않아 힘을 잃으셨다. 아버지가 생각하셨던 것과 달리, 교직이 참된 스승의 길과는 동떨어진 면들도 많았기 때문이다. 아버지는 바르게 살아야 한다는 것에 대해 고뇌하셨고, 철학이나 종교 서적을 많이 읽으셨다. 그렇게 지내던 어느 날, 교회에 다니시던 아버지는 복음을 듣고 구원을 받으셨다. 그날부터 아버지는 완전히 다른 사람이 되셨다.

아버지는 사람들에게 복음을 전하고 싶어하셨다. 학교에서도 기회가 생기면 복음을 전하셨다. 학생들이 수업을 받다가 "선생님, 첫사랑 이야기해 주세요."라고 하면 아버지는 예수님께 받은 사랑을 이야기하셨다. "무서운 이야기 해주세요."라고 하면 죄가 있으면 지옥에 가기 때문에 죄 사함을 받아야 한다고 하셨다. 학부모들이 '선생님이 수업 시간에 왜 종교 이야기를 하며 아이들에게 겁을 주느냐?'고 항의하기도 했지만, 아버지에게 영혼의 문제보다 더 중요한 것은 없었다. 보충수업 교재의 테두리를 복음이 담긴 성경 구절들로 가득 채우기도 하셨다. 자연히 많은 어려움을 겪었지만 아버지는 흔들리시지 않았고, 많은 교사들과 학생들이 구원을 받았다. 한 사람, 한 사람 구원받는 것이 아버지에게는 더없는 행복이었다. 결국 아버지는 교편을 내려놓고 신학교에 들어가셨다.

할아버지는 아버지를 향해 기대를 많이 가지고 계셨다. 집이 가난해 아버지는 어릴 적부터 학교에서 돌아오면 늦게까지 밭일을 도와야 했지만, 그렇게 일하면서도 공부를 잘하셨다. 할아버지는 그런 아들을 힘이 닿는 데까지 밀어주셨다. 아버지가 교사가 되었을 때, 할아버지는 어려운 중에도 번듯한 직장을 가진 아들을 내심 자랑스러워하셨다. 그런데 아들이 교직을 그만두고 신학교에 입학하겠다니…. 할아버지는 극구 반대하셨고, 혈연을 끊자고 할 만큼 힘들어하셨다. 그렇지만 아버지는 뜻을 굽히시지 않았다.

아버지는 신학교를 졸업하고 복음 전도자의 길을 걷기 시작하셨다. 아버지가 교사였을 때에도 우리가 여유롭게 살지는 않았지만, 목회를 하시면서는 가난하게 살아야 했다. 아버지는 매일 복음을 전하시고, 기도하셨다. 내가 "아버지, 급식비를 내야 해요." 하면, 아버지는 가족을 불러모아 기도하자고 하셨다. 참고서가 없다고 말씀드려도, 아버지는 어김없이 가족을 불러모아 기도하셨다. 아버지는 기도하면 하나님이 반드시 도우신다고 믿으셨지만, 나는 몇 만 원 때문에 가족들이 매번 기도해야 하는 삶이 싫었다.

복음이 싫지는 않았다. 그런데 복음만 위해 사시는 아버지는 이해가 가지 않았다. '복음을 전하는 것도 좋지만 이처럼 어렵게 살면서까지 복음을 전해야 하나?' 마음속에서 의문이 떠나질 않았다. '어려움 없이, 때로는 가족과 외식도 하고 산책도 하면서 복음을 전하면 안 되나?' 나는 학교에서 학비 감면 신청서를 낼 때마다 너무 창피했지만, 아버지는 우리가 복음 때문에 그런 어려움을 겪을 수 있어서 감사하다고 하셨다. 그런 아버지를 나는 이해할 수 없었다.

내일이 없는 삶

초등학생 때까지는 별 문제가 없던 내가 중학생이 되면서 갑자기 엇나가자 아버지는 당황하셨다. 아직 어린 나를 앉혀놓고 복음을 위한 삶이 얼마나 귀하고 가치가 있는지 여러 번 이야기하셨다. 하지만 나는 귓등으로 흘려들었다.

당시 아버지가 목회하시던 교회는 허름한 건물의 한 층에 있었고, 예배당 뒤쪽에 있는 작은 방에서 우리 네 식구가 살았다. 다행히 쪽방이 딸려 있어서 나는 방을 따로 썼다. 실내에 화장실도 없어서 밖으로 나가 계단 밑에 있는 화장실까지 내려가야 했다. 추운 겨울엔 화장실 가는 게 얼마나 싫던지….

예배당에서 우리 가족이 살다 보니 교회 성도들이 내가 방황하는 것을 금방 알았다. 나는 모두에게 근심거리였다. 부모님을 비롯해 성도들이 나를 위해 기도했다. 아버지는 방황하는 나를 잡아주려고 다그치기도 하시고, 화를 내기도 하시고, 때로는 매를 대기도 하셨다. 나는 아버지의 마음을 이해하기보다 '목사 아들이기 때문에 혼난다'는 생각에 반항심만 더 거세졌다. 가출하기 시작했고, 길거리에서 방황하는 시간이 늘어갔다. 그럴 때면 학교도 며칠씩 가지 않았다. 친구들의 눈에도 폐인처럼 보일 만큼, 나는 내 일이 없는 것마냥 인생을 포기한 사람처럼 살았다.

어느 날, 모두 잠든 고요한 밤에 나는 조용히 일어나 밖으로 나갔다. 친구들이 술병이 든 비닐봉지를 들고 나를 기다리고 있었다. 놀이터에서 친구들과 진탕 술을 마시며 밤새 놀다가 새벽 예배가 시작되기 전에 집에 돌아왔다. 그런데 내 방에 불이 켜져 있었다. '내가 불을 켜놓고 나갔었나?' 하고 별 생각 없이 이불에 누웠는데, 아버지가 들어오셨다. 내가 나간 걸 아시고 밤새 기다리셨던 것이다. 하지만 만취가 된 나는 구토를 하고 정신을 차리지 못했다. 아버지는 인사불성이 된 나를 야단치실 수조차 없었다.

검게 뒤덮인 학창 시절

다음 날 아버지는 나를 옥상으로 부르셨다. 교회는 꼭대기 층인 7층에 있었고, 옥상은 8층 높이였다. 아버지는 내가 보는 앞에서 갑자기 금방이라도 뛰어내리실 것처럼 난간 위로 발을 올리셨다. 그리고 나에게 말씀하셨다.

"내가 목산데, 자기 자식도 제대로 못 키우면서 어떻게 성도들을 가르치겠냐? 내 자식도 내 말을 듣지 않는데 내가 무슨 낯으로 성도들에게 이야기를 하겠냐? 아무리 말해도 네가 듣지를 않으니 나는 더이상 어떻게 할 수가 없다. 나는 구원받은 후 어떤 것에도 의미를 느끼지 못했고, 복음을 위한 삶이 너무 귀해서 내 삶을 여기 다 드렸다. 나는 네가 바라는 것처럼 옛날 삶으로 다시 돌아갈 수가 없다. 그리고 네가 문제를 계속 일으키니 부끄러워서 목회의 길도 더이상 걸을 수가 없다. 그러니 오늘 이 자리에서 죽으려고 한다. 네가 마음을 안 바꾸는데 내가 목회를 해야 할 이유가 뭐냐? 차라리 여기서 뛰어내리련다."

오죽했으면 아버지가 옥상 난간에 올라가셨을까? 그런데 나는 아버지가 못 뛰어내리실 거라는 확신이 있었다. 나는 아버지가 복음을 얼마나 사랑하시는지를 가장 가까이에서 본 증인이었다. 할아버지가 혈연을 끊으려고까지 하며 반대하셨던 복음 전도자의 길을 가셨고, 우리가 여러 어려움을 겪을 때마다 복음 때문에 그런 어려움을 겪을 수 있어서 감사하다고 하셨다. 그 어떤 것에도 흔들리지 않고 복음을 위해 사신 아버지를 누구보다 잘 알았기에, 내가 아무리 말을 안 듣고 방황해도 그 길을 버리실 리 없다는 사실은 분명했다.

머리로는 아버지를 말려야 한다는 것을 알았지만, 아버지가 뛰어내리시지 않을 걸 이미 알았기에 아버지를 말리지 않았다. 그러자 아버지가 당황하셨다.

"이놈아, 뛴다고!"

나는 꿈쩍도 하지 않았다. 아버지는 그렇게까지 하면 최소한 말이라도 잘못했다고 할 거라고 생각해 배수의 진을 치신 것이었는데, 내가 꿈쩍도 않고 팔짱을 낀 채 아버지를 가만히 바라보고 있으니 아버지로선 기가 막힐 노릇이었을 것이다. 생각해 보면, 난간 위에 올라가서 얼마나 난처하셨겠는가. 뛰어내리자니 죽을 것이고, 다시 내려오자니 아들에게 지는 꼴이 되고. 아버지는 이러지도 저러지도 못하셨다.

어색한 시간이 속절없이 흘러가고 있던 그때, 구세주가 나타났다. 동생이 옥상으로 올라온 것이다. 동생은 난간에 올라가 계신 아버지를 보고 놀라 아버지 바지를 붙잡고 "아빠, 아빠가 가시면 우린 어떡하라고요? 제가 잘못했어요. 제발 내려오세요."라고 하며 울기 시작했다. 아버지는 못 이기는 척 난간에서 내려오셨다. 그리고 모든 걸 체념한 표정으로, 여전히 뻣뻣하게 서 있는 나에게 말씀하셨다.

"이놈아, 아무리 그래도 지 애비가 눈앞에서 죽는다고 하는데 세상에 하나밖에 없는 아들이라는 놈이 말릴 생각은 안 하고 멀뚱멀뚱 쳐다보고만 있냐? 내가 네 마음을 바꿔 보려고 별별 짓을 다 해보았지만 오늘에야 너와 나는 같이 갈 수 없다는 것을 알았다. 나는 살면서 죽을 고비를 여러 번 만났고 죽음에 대한 두려움과 진리에 대한 목마름이 있었기 때문에, 구원받고 난 뒤 복음이 내 생명을 다 드려도 아깝지 않을 만큼 귀했다. 나는 누가 뭐라고 해도 이 복음을 떠날 수 없다. 그런데 하나밖에 없는 아들이라는 놈이 허구한 날 술이나 먹고 사고나 치니, 마음은 아프지만 아들을 잃은 셈 치고 살 테니 너도 나가서 고아라 생각하고 살아라."

아버지의 말씀을 듣고 그날 나는 집을 나왔다. 그렇게 행동해서는 안 된다는 것을 알고 있었지만 내 마음을 내가 통제할 수 없었다. 차라리 내가 없는 편이 아버지에게 도움이 되겠다는 생각이 들었다. 칼바람이 불던 그날, 나는 난생처음 죽고 싶다는 생각을 했다. 나 때문에 많은 사람이 고통을 받느니, 차라리 죽는 게 낫겠다 싶었다. 이제 다 끝났다고 생각하고 죽을 생각을 하니 두려움과 서러움이 밀려와, 나는 어느 건물의 계단에 앉아 한참을 숨죽여 울었다.

'내가 죽으면 부모님께서 잠깐은 슬퍼하시겠지만, 평생을 고통을 당하며 사시는 것보단 차라리 나 같은 놈은 빨리 잊어버리시는 게 나을 거야.'

나는 제대로 된 삶을 살 자신이 없었다. 하나님을 원망했다. '이럴 거면 태어나게 하지 말았어야죠. 왜 나를 태어나게 했어요?' 계단 한 귀퉁이에서 서럽게 울고 있는 나를 동생이 찾았다. 동생도 얼마나 울었는지 퉁퉁 부은 눈으로, 오빠가 집을 나가 엄마가 너무 힘들어하신다며 제발 집으로 돌아가자고 사정했다. 못 이기는 척 일어나 집으로 돌아갔지만, 변한 것은 없었다. 하루하루가 고통의 연속이었다.

"차라리 아버지가 없었으면 좋겠어요! 나는 아버지가 목사인 게 부끄럽다고요!"

아버지와 마주치면 독기 서린 말을 쏟아냈다. 내가 사납게 달려들면 아버지는 조용히 방으로 들어가셨다. 그래도 나는 멈추지 않았다.

"죽고 싶다고요. 차라리 죽었으면 좋겠어요. 날 좀 가만히 내버려두세요!"

나는 아버지 가슴에 수없이 대못을 박았다. 그때 나는, 보이지 않는 곳에서 아버지가 얼마나 울고 계셨는지 알지 못했다.

내 학창 시절은 온통 검은색으로 가득했다. 앞이 보이지 않는 깜깜한 터널 속에 있는 것 같았다. 빛은 한 줄기도 보이지 않았고, 터널의 끝도 보이지 않았다. 하루하루 괴로웠다. 집에서 부모님과 마주치면, 물이 가득 찬 컵을 툭 건드리기만 해도 물이 쏟아지듯 별것 아닌 말에도 원망과 짜증을 쏟아냈다. 집에 있는 것이 싫어서 허구한 날 친구 집과 거리를 맴돌았다.

나에게는 내일이 없었다. 누군가 나에게 그렇게 살아서는 안 된다고 이야기라도 하면, "전 스무 살 되면 자살할 거니까 신경 끄세요."라고 하며 날선 말들을 쏟아냈다. 누구도 나를 제어할 수 없었고, 나도 나를 어떻게 할 수 없었다. 나는 위태롭고 난폭했다. 내일이 없으니 두려운 게 없었다. 괴로우면 정신을 잃을 때까지 술을 마셨고, 시간 가는 줄 모르고 게임을 했다. 학교에 가지 않는 날이 많아 하루는 선생님이 몽둥이를 들었지만, 오기가 생겨 끝까지 버텼다. 선생님이 때리다 때리다 지쳐 포기했다. 누구도 나에게서 희망을 찾지 못했다.

하와이

내가 스무 살이 되었을 때, 교회에서 글로벌 캠프를 개최했다. 하와이에서 외국 학생들과 함께 갖는 캠프였다. 신앙생활을 하지는 않았지만 하와이에는 가보고 싶었다. 아버지는 캠프에 교사로, 나는 학생으로 참석했다.

하와이는 아름다웠다. 야자수가 길게 늘어진 해변이 일품이었고, 하늘이 기가 막히게 아름다웠다. 휴양지여서 사람들은 여유가 가득해 보였다. 나는 하와이를 상징하는 꽃목걸이를 목에 두르고 기분이 한껏 들떴다. 그날 저녁, 친구들과 함께 술집으로 향했다. 많은 외국인들과 춤을 추며 시간 가는 줄 모르고 술을 마셨다. '한 번뿐인 인생, 마음대로 사는 거야!' 밤새도록 술을 마시고 새벽 늦게 숙소로 돌아왔다.

다음 날은 캠프가 시작되는 날이었다. 눈을 뜨니 머리가 깨질 것처럼 아팠다. 겨우 정신을 차리고 친구들과 캠프 장소로 갔다. 교회에서 숙소를 마련해 주었기에, 캠프 프로그램에는 참석하자는 게 내가 지킬 수 있는 최소한의 예의였다. 자리에 앉았는데 머리가 빙글빙글 돌고 속이 좋지 않았다. 화장실로 가서 소변을 보는데, 옆에서 볼일을 보던 친구가 갑자기 소변기에 구토를 하기 시작했다. 술 냄새가 진동했다. 나는 친구의 등을 두드려 주었다.

친구 등을 한참 두드리고 있는데 뒤에서 누군가 나를 쳐다보고 있다는 느낌이 들어 무심코 고개를 돌렸다. 캠프 주강사인 박옥수 목사님이 눈에 들어왔다. 화장실에는 술냄새가 진동하고 친구는 여전히 정신을 차리지 못하고 있었기에, 우리가 술을 마셨다는 것쯤은 금방 알아챌 수 있는 상황이었다.

"이 아이들 누구지요?"

박 목사님이 옆에 계신 다른 목사님에게 물으셨다.

하와이 글로벌 캠프에 참가해서 꽃목걸이를 목에 두르고

"예, 이한규 목사 아들 이한솔입니다."

박 목사님을 처음 만난 날이었다. 다른 아이들도 아니고 목사 아들이 교회에서 하는 캠프에 와서 술을 마시고 분위기를 어지럽힌다는 사실에 목사님은 화가 나셨다. 그날 밤, 캠프 프로그램이 끝난 뒤 목사님이 우리를 불러 야단을 치셨다. 내 마음은 요지부동이었다. 야단을 쳐도 꿈쩍도 안 하자 목사님이 이렇게 말씀하셨다.

"너희들이 목사 아들인데도 오히려 학생들에게 안 좋은 영향을 끼치니 더는 안 되겠다. 이 교회는 하나님의 교회이기 때문에 내가 너희에게 교회에 오지 말라고 할 수는 없지만, 앞으로 청소년 행사에는 참석하지 마라. 너희들 때문에 좋은 학생들마저 안 좋은 영향을 받는다."

나는 오히려 홀가분했다. 목사님께서도 내가 얼마나 망나니인지 아셨고, 이제는 교회 프로그램에 참석하지 않는다고 부모님과 부딪힐 일도 없을 것 같았다. 한국에 돌아오자마자 나는 짐을 싸서 친구와 함께 창원에 있는 한 공장에 취직했다. 친구도 목사님 아들로 나와 비슷한 점이 많아 우린 잘 통했다. 친구와 함께라면 무엇이든 할 수 있을 것 같았다.

첫 직장

대학도 졸업하지 않고 자격증도 없는 우리가 숙식을 제공하는 직장을 찾기는 쉽지 않았다. 그런데 그 공장에서는 아무것도 보지 않고 우리를 받아주었다. 에어컨을 만드는 공장으로, 돌아가는 컨베이어벨트 위에 있는 부품에 나사만 조이면 되는 단순한 일이었다. 하루 종일 서서 일하다 보니 다리가 아프긴 했지만 적응하는 게 어렵진 않았다.

조그마한 숙소에서 처음 보는 사람들과 같이 지냈다. 매일 공장에서 일하고 저녁에 돌아와 술을 한 잔 마시며 우리는 금세 친해졌다. 출근해서는, 나사를 조립하는 일이 금방 손에 익어 신경쓰지 않아도 능숙하게 해낼 수 있었다. 자연히 여러 생각들이 올라왔다. 문득 부모님 생각도 나고, 내 앞날에 대한 걱정도 찾아왔다. 하지만 잊으려고 노력했다.

한 달이 지나 첫 월급을 받았다. 150만 원이었다. 그리 많지는 않았지만 내 손으로 드디어 돈을 벌었다는 사실에 기분이 너무 좋았다. 비전이 있는 직장도 아니고 나에게 꿈이 있는 것도 아니었지만, 첫 월급에 기분이 한껏 들떠 친구들과 밤새도록 축하하며 술을 마셨다. 돈이 없어서 구경도 못한 비싼 술도 마셨다. '그래, 인생이 별거 있어? 돈 벌어서 하고 싶은 거 하면 되지!'

술을 얼마나 마셨는지 다음 날 머리가 깨질 듯이 아팠다. 그리고 지갑을 확인해 보고야, 하루 만에 월급의 대부분을 써버린 걸 알았다. 허탈했다. 다시 허리띠를 졸라매고 생활해야 했다. 나중에는 담뱃값조차 없어서 돈을 빌려야 했다. 다시 월급을 받았지만, 그동안 빌린 돈을 갚고 나면 남는 게 얼마 없었다. 내가 원한 삶은 그런 게 아니었다. 보란 듯이 성공해서 당당하고 멋진 모습으로 아버지에게 돌아가고 싶었다. 현실은 그렇지 못했다. 나는 돈을 관리할 줄도 몰랐다.

단순한 작업을 반복하다 보니 생각이 많아졌다. 함께 일하는 사람들이 보이기 시작했다. 숙소를 같이 쓰는 또래 사람들은 대부분 전과자였다. 그들은 술을 마실 때마다 자신들이 얼마나 잘나가는지, 얼마나 대단한 사람인지 자랑했다. 하지만 허구한 날 별것 아닌 걸로 싸움질을 했고, 다시 철창 안으로 들어갔다. 돈이 없어서 나에게까지 손을 벌리면서도, 그들은 자신들이 얼마나 대단한 사람인지 자랑했다.

자존심을 버리지 못해 교도소에 다시 들어가면서도 침을 튀기며 자랑하는 그들에게서 문득 내 모습이 보였다. 나는 내가 하고 싶은 대로 자유롭게 살고 있다고 말하면서도, 마음 한편에서 불안함이 가시지 않았다. 그리고 매일 그들과 어울리다 보니 나 또한 사건에 얼마든지 휘말릴 수 있었다. 그들은 지은 죄를 무용담이라도 되는 것마냥 신나게 떠들어댔지만, 나는 그 이야기를 듣는 것이 고통스럽기 시작했다.

술을 마실 때에는 웃고 떠들며 즐거운 것 같았지만 마음에 있는 불안감을 지울 수 없었다. 그렇게 살다간 내 인생도 수렁 속으로 빠져들어갈 것 같았다. 친구에게 처음으로 내 속내를 꺼냈다.

"용아, 우리가 여기서 일한 지 몇 달이 되었는데 내 주머니에 만 원짜리 한 장도 없다. 이 공장이 비전이 있는 것도 아니고, 나는 걱정이 좀 된다. 매일 술 마시고 싸우고 자랑이나 하는 사람들과 어울리는 것도 이제는 즐겁지 않다. 시궁창에 빠진 것 같다."

아무렇지 않은 척하고 지냈지만 내 속은 그렇지 않았다. 친구는 자신도 똑같은 감정을 느끼고 있다고 했다. 그때부터 우리는 돌파구를 찾았다.

해외 봉사 활동

하루는 친구가 이야기했다.

"우리 해외 봉사 활동을 갔다 올까?"

한국에는 유혹이 너무 많기에, 아주 어려운 나라에 가서 지내다 보면 내 마음에도 뭔가 변화가 일어나지 않을까 싶었다. 교회에

1년 기간의 해외 봉사 프로그램이 있었지만, 나는 고개를 절레절레 저었다. 그 프로그램에 참여하려면 박옥수 목사님을 만나야 하는데, 목사님이 청소년 행사에는 참석하지 말라고 이미 못을 박으셨기 때문이다. 그렇지만 우리 같은 망나니들을 받아주는 해외 봉사 활동 단체는 없을 것 같았다.

친구가 말했다.

"목사님을 뵈러 가자."

"야, 목사님께서 우리에게 그렇게 화를 내셨는데 허락해 주시겠어? 어차피 안 될 거야."

"방법이 있어, 목사님을 찾아가서 잘못했다고 말씀드리는 거야. 그때 목사님을 '할아버지'라고 부르면 돼. 생각해 봐. 할아버지는 자식들에게는 엄해도 손자들에게는 너그럽잖아. 우리가 목사님이라고 부르면 혼을 내시겠지만, 할아버지라고 부르면 목사님이 우리가 손자들이라는 것을 떠올리고 용서하실 거야."

기가 막힌 묘책 같았다. 우리는 직장을 그만두고 목사님을 뵈러 갔다. 그때 목사님은 인천에서 집회를 인도하고 계셨다. 오전 집회를 마치고 오후에 사역자들과 모임을 갖고 계셨는데, 친구와 나는 냅다 문을 열고 들어가 한가운데로 가서 무릎을 꿇었다.

"할아버지, 잘못했습니다!"

목사님이 호통을 치셨다.

"이놈들, 교회를 무시하고 하나님을 무시하면서 말만 그렇게 하면 내가 속을 줄 알아? 당장 나가!"

목사님의 호통에 나는 '그럼 그렇지. 목사님이 우리를 받아주실 리 없지.'라고 생각했다. 친구와 머쓱하게 일어나 나가려고 하는데, 목사님의 목소리가 들렸다.

"할말 있으면 해봐."

우리는 다시 무릎을 꿇고 앉았다. 친구는 그간 자신이 얼마나 어리석게 살았는지 이야기하며 잘못했다고 말씀드렸다.

"이놈들 말만 늘었네. 내가 한 번 속지 또 속을 줄 알아? 당장 나가!"

목사님은 역시 받아주시지 않았다. 다시 자리에서 일어나 나가려고 하는데 목사님의 목소리가 또 들렸다.

"할말 있으면 해봐."

다시 무릎을 꿇고 이번엔 내가 이야기했다.

"할아버지, 잘못했어요. 제가 정말 교회를 무시하고 하나님을 무시하고 살았어요. 이젠 그렇게 살고 싶지 않아요."

목사님의 불호령이 떨어졌다.

"이한솔이 저놈, 말만 번지르르하게 하고. 내가 또 속을 줄 알아, 이놈아? 당장 나가!"

우리는 다시 일어났다. 나가려고 하는데 등뒤에서 다시 한 번 목사님의 목소리가 들렸다.

"할말 있으면 또 해봐."

우리는 다시 무릎을 꿇고 앉았지만, 준비한 이야기가 바닥나 무슨 말을 해야 할지 몰랐다. 친구가 말했다.

"할아버지! 제가 한 번만 더 사고 치면 그땐 한강에서 뛰어내리겠습니다!"

말도 안 되는 이야기였지만, 나도 모르게 입이 열렸다.

"할아버지! 저도 같이 뛰어내리겠습니다!"

"뭐? 한강에서 뛰어내린다고? 죽을 용기가 있으면 마음을 바꿔야지 한강에서 뛰어내려? 뛰어내릴 용기도 없는 녀석들이 뭘 뛰어내려? 나가!!"

더이상 할 말도 없었다. 일어나서 나가려는 우리에게 목사님이 또 말씀하셨다.

"할말 있으면 또 해봐."

무슨 말을 더 해야 할지 몰랐다. 그런데 목사님이 갑자기 방으로 따라 들어오라고 하셨다. 그리고 칠판에 그림을 그려가며 성경 이야기를 해주셨다. 부끄럽지만, 나는 그날 목사님이 해주셨던 이야기가 기억나지 않는다. 그런데 한 가지는 마음에 분명히 새겨졌다. '목사님이 우리를 쫓아내시려는 것이 아니었구나….' 마치 담금질하듯 목사님은 우리와 한참을 싸워 주셨고, 받아 주셨다.

그 후 나는 필요한 과정을 이수한 뒤 2006년에 아프리카 카메룬으로 1년간 해외 봉사를 떠났다. 드디어 내 인생이 조금이라도 변할 수 있지 않을까? 해외 봉사는 나에게 마지막 실낱같은 희망이었다.

카메룬에 도착해 비행기에서 내리니 숨이 턱 막힐 정도의 무더위가 나를 맞았다. 우리나라와 문화도, 언어도, 환경도 전혀 다른 카메룬에서 지내는 것이 쉽지 않았다. 무엇보다 나는 담배를 끊지 못하고 있었다. 아프리카에 봉사 활동을 하러 와서까지 담배를 찾는 내 모습이 한심하게만 느껴졌다. 말이 통하지 않아 답답하고, 음식이 입에 맞지 않아 힘들고, 이 일 저 일로 스트레스를 받을 때면 담배 생각이 간절했다.

한국에서 가져간 옷들을 가방에 넣고, 전도하는 시간에 시장에 가서 팔았다. 만 원에 석 장씩 하는 와이셔츠였지만 카메룬에서는 고급 와이셔츠였다. 옷은 순식간에 팔렸고, 나는 받은 돈으로 담배를 사서 한쪽 구석에 가서 조용히 피웠다. 동네에 외국인이라고는 몇 없었기에, 해외에서 봉사하러 온 학생이 담배를 피운다는 이야기가 동네에 금세 퍼졌다. 부끄러워서 그들에게 전도도 할 수 없었다.

잊을 수 없는 닭고기

그렇게 지내다가 '음푸'라는 시골 마을에 가서, 에드윈 목사님 집에서 두 달간 생활했다. 그 집에는 같이 사는 아이들이 많았다. 목사님의 자녀는 둘이었고, 가난한 친척들의 아이들까지 목사님이 돌보고 있었다. 많은 아이들을 돌볼 만큼 형편이 넉넉한 것도 아니었다. 하루에 두 끼를 겨우 먹었고, 아침은 빵 한 조각이 다였다. 아이들은 늘 배가 고프다고 칭얼거렸다. 정글에 들어가 덫을 놓기도 했지만 며칠 동안 잡히는 짐승도 없었다.

토요일이 되면 우리는 도끼를 들고 나무를 하러 다녔다. 나무를 묶을 끈이 없어서 야자수 잎으로 나뭇조각들을 싼 뒤 머리에 이고 집으로 돌아왔다. 그 나무를 때서 밥을 했다. 사는 것이 너무 어려웠다. 한번은 에드윈 목사님에게 '이렇게 어렵게 사는데 왜 친척들의 아이들까지 데리고 사느냐?'고 물었다. 목사님은 자신의 친척들은 훨씬 어렵게 산다고 하셨다. 목사님은 늘 웃었다. 돈도 없고, 삶이 나아질 것 같지도 않은데 목사님은 아이들을 받아 키우고 사람들에게 나눠줄 수 있음을 감사하게 여겼다. 나는 그것을 이해할 수 없었다.

며칠 뒤, 내가 말라리아에 걸렸다. 열이 나고 오한이 심해 정신을 차리기 힘들었다. 그렇게 아픈 건 난생처음이었다. 한국 돈 천 원이면 말라리아 약을 살 수 있었지만, 목사님이나 나나 동전 하나 없었다. 방에 누워 있는데 한없이 서러웠다. '이렇게 죽는구나….' 돈 몇 푼이 없어서 가족도 없는 머나먼 타국에서 죽는다는 게 서럽고, 어둡게만 지냈던 내 인생이 가련하게 느껴졌다.

어디선가 맛있는 냄새가 방문을 타고 들어왔다. 고기였다. 에드윈 목사님 집에서 한 달 넘게 지냈지만 고기를 먹은 적은 없었다. 밖에서 아이들의 목소리가 들렸다.

"우와, 아빠! 오늘 고기 먹어요? 저도 주시는 거지요?"

목사님은 아이들을 조용하게 만들었다.

"이건 이한솔 선교사 주려는 거야. 너희들 게 아니야."

집에서 키우던 한 마리뿐인 닭을 잡은 것이다. 말라리아에 걸리면 약을 먹고 음식을 잘 먹어야 낫는다고 한다. 하지만 약을 살 돈이 없어서, 며칠 동안 일어나지 못하고 사경을 헤매는 나를 위해 닭을 잡았던 것이다. 행여 내가 들을까봐 아이들을 조용하게 만드는 목사님의 목소리가 들렸다. '내가 뭐라고….' 잠시 후, 목사님이 조용히 방문을 열고 들어와 닭고기를 내려놓았다.

"한솔, 이거 먹으면 금방 나을 거야."

목사님은 여전히 웃고 있었다. 목사님이 방에서 나가고, 아이들이 고기를 먹고 싶다며 목사님에게 떼를 쓰는 소리가 들렸다. 나는 그 고기를 차마 먹을 수 없었다. 얼마나 어렵게 사는지 잘 알기에, 그리고 그것이 목사님 가족이 먹을 수 있는 유일한 고기라는 사실을 알기에 고기에 손을 댈 수 없었다. 한참 지나 목사님이 다시 방에 들어오셨다. 내가 손도 안 댄 것을 본 목사님이 왜 안 먹느냐고, 입맛이 없냐고 물으셨다.

"목사님, 이거 하나밖에 없는 닭이잖아요. 제가 이걸 어떻게 먹어요…. 목사님도, 아이들도 오랫동안 고기를 못 먹었잖아요."

목사님이 빙긋 웃으며 말했다.

"한솔, 너는 외국인인데 복음을 전하러 여기에 왔잖아. 너는 하나님이 우리에게 보내주신 선물이야. 나는 하나님께 고기를 드린 거야. 네가 먹고 얼른 낫는 것이 나에게는 큰 기쁨이야. 약을 사주지 못해서 미안해. 내가 가진 건 닭 한 마리뿐이지만, 이거면 일어설 수 있어. 얼른 먹어."

목사님은 내가 닭을 먹을 때까지 일어서지 않았다. 나는 아직도 그날 먹었던 닭을 잊을 수 없다. 그것은 에드윈 목사님의 마음이었다.

나는 조금씩 회복되었고, 목사님은 내가 차도를 보이자 너무 좋아하셨다. 그분은 내 모습과 상관없이 나를 받아주셨다. 하나님을 믿는 사람 앞에서 나는 부끄러웠다. 가난한 아프리카 사람들을 무시하던 나, 그곳에서 불평불만이 가득한 채 지냈던 지난 날들이 떠올랐다. 나는 한국에서 배고프지 않게 살면서도 원망이 가득했는데, 에드윈 목사님은 가진 게 없는데도 마음에 감사가 가득했다. 목사님과 함께 보낸 두 달은 내가 처음으로 느껴본 세상이었다. 그날 이후 나는 목사님을 마음으로 따랐고, 세월이 많이 흐른 지금까지도 서로 연락할 정도로 우리는 가까운 사이가 되었다.

희망이 보이는 듯했다. '드디어 나도 변하는구나….' 힘들었지만 조건 없이 많은 사랑을 받았던 음푸에서 지낸 시간들, 그 생활을 끝내고 변화된 삶을 기대하며 수도 야운데로 돌아왔다. 하지만 감사했던 마음도 잠시, 시간이 흐르자 원래 모습으로 돌아갔다. 하루하루 지내는 것이 힘들었고, 급기야 같이 지내던 현지인들과 주먹다짐을 할 정도로 엉망으로 살았다. 괴로워서 피우지 않던 담배를 다시 찾았다. 또다시 깊은 수렁에 빠진 것 같았다.

'그래, 내가 무슨 변화냐? 나는 역시 안 돼. 음푸에서는 사는 게 너무 어려워서 잠깐 좋았지만, 한국에 돌아가면 어차피 원래대로 돌아갈 거야.'

잠깐 변하는 것 같았지만 이내 제자리로 돌아온 나를 보면서, 나는 평생 밑바닥 인생을 살 수밖에 없는 팔자인 것 같았다.

'한국에 돌아가면 부모님이 내가 변했을 거라고 기대하시겠지? 하지만 변하지 않은 나를 보면 다시 실망하시겠지?'

또다시 희망은 보이지 않았다. 절망만 가득 안고 나는 한국으로 돌아왔다.

2장

새로운 출발선에서

새로운 출발선에서

실망을 가득 안고 한국으로 돌아왔다. 되돌아보면 순간순간 감사한 적도 있었지만 내가 근본적으로 변한 것 같지는 않았다. 나는 여전히 친구들과 노는 것을 좋아했고, 술과 담배 생각도 떠나지 않았다. 나와 달리, 같은 기간에 해외 봉사를 다녀온 친구들은 다른 사람이 되어 있었다. 외국어도 유창하게 하고, 어려운 환경 속에서 1년을 지내면서 지난 삶이 어리석었다는 사실도 발견했다. 더욱 믿기 어려웠던 것은, 친구들이 굿뉴스신학교에 입학해서 복음 전도자의 길을 걷겠다고 한 것이었다. 나도 문제가 많았지만, 절대로 변하지 않을 것 같았던 친구들의 새로운 모습은 나에게 큰 충격으로 다가왔다. 그리고 그 충격은 다시 깊은 절망감으로 바뀌었다.

1년 만에 돌아온 한국은 낯설었다. 내가 해외 봉사를 다녀오자, 부모님을 비롯해 교회의 많은 분들이 내가 어떻게 변했는지 기대하는 눈치였다. 나는 고개를 들 수 없었다. '부끄럼이 가득했던 나의 생활을 알게 된다면 얼마나 실망하실까?' 나로 인해 오랫동안 마음고생을 하셨던 부모님께서 느끼실 상실감을 생각하니 마음이 더욱 무거웠다. 나를 제외한 모든 사람이 변하는 것 같고, 나만 홀로 제자리에 서 있는 것 같았다. 친구들이 변한 모습을 보며 그 가족들은 감격하고 웃음소리가 끊이지 않았지만, 나는 내놓을 것이 없었다. 나를 변화시킬 수 있는 것은 이제는 없다고 느꼈다. 친구만 보고 살아왔고, 사고를 치면서도 친구들과 함께라는 사실이 마음 한편에 위로가 되었는데, 결국 나는 혼자가 되고 말았다.

귀국발표회

친구들은 나를 해외 봉사단 귀국발표회에 초대했다. 지난 1년간 해외 봉사를 다녀온 학생들이 무엇을 경험했으며 어떻게 변했는지 소개하는 자리였다. 연락을 받았을 때, 나는 만화방에서 1년 동안 못 보았던 만화책을 보고 있었다. 함께 해외 봉사를 다녀왔지만 그들과 다른 내 모습에, 그저 조용히 사라지고 싶었다. 그곳에 가면, 해외 봉사를 다녀왔지만 귀국발표회에 함께하지 않는 나를 보고 더 많은 사람들이 실망하고, 그 모습을 바라보는 나는 더 심한 박탈감에 빠질 것 같았다.

가지 않겠다고 다짐했지만, 마음 한쪽에서 도대체 그동안 함께 막살았던 친구들과 나의 어떤 점이 다른지 궁금했다. 그리고 이젠 친구들과도 마지막이라는 생각에, 친구들의 변한 모습을 내 눈에 담고 헤어지는 것이 최소한의 예의라고 생각했다. 그렇게 나는 내키지 않는 발걸음을 이끌고 조금 일찍 귀국발표회 장소로 갔다.

친구들이 발표회 준비로 바빠 제대로 이야기를 나눌 시간도 없어서 한쪽 의자에 혼자 앉아 있는데, 때마침 그곳을 지나가시던 박옥수 목사님이 눈에 들어왔다. 1년 전, 목사님이 내가 해외 봉사를 갔다는 소식을 듣고 무척 감격해하셨다고 전해 들었기에 목사님을 뵐 자신이 없었다. 목사님께서 1년 동안 어떻게 지냈느냐고 묻기라도 하시면 할 말이 없었기 때문이다. 고개를 다른 쪽으로 돌려 딴청을 피우고 있는데, 목사님이 앉아 있는 날 발견하셨다. 그리고 기쁨이 가득한 얼굴로 잰걸음으로 나에게 다가와 양손으로 내 손을 덥석 잡으셨다.

"한솔아, 고생 많았지? 고맙다. 고마워…."

전혀 예상하지 못한 목사님의 반응에 당황스러웠다. 내 상태를 구구절절이 말씀드릴 필요 없이 인사만 드리고 조용히 헤어지는 것이 낫겠다는 생각이 들었다.

"목사님께서 기도해 주신 덕분에 무사히 다녀왔습니다. 감사합니다."

마음에 없는 소리였지만, 목사님께도 내가 마지막으로 지킬 수 있는 최선의 예의였다.

"정말 고맙다! 정말 고마워! 수고 많았지?"

목사님은 내가 한 말이 진심인지 인사치레로 하는 소리인지에는 관심도 없으신 것 같았다. 예의상 한 말을 그대로 믿어 주시는 목사님 앞에서 나는 더욱 부끄러웠다.

"감사합니다. 목사님…."

감사하다는 말이 흘러나왔다. 나라는 사람을 누군가 그렇게 반가워하고 기쁘게 맞아 주는 것이 정말 감사했다. '나도 친구들처럼 변화되었더라면 당당하게 인사드릴 수 있었을 텐데….' 그렇지 못한 내가 많이 부끄러웠다. 그럼에도 여전히 내 손을 잡고 기뻐하시는 목사님이, 이제 목사님을 다시 만날 일은 없지만, 내 마음을 따뜻하게 만들었다.

"해외에도 다녀오고 했으니 이제 신학교에 입학해서 신앙을 배우면 되겠다."

생각지도 못한 말이 다시 목사님의 입에서 흘러나왔다. 내가 신학교라니? 나는 복음을 위해 살 마음이 전혀 없었고, 그렇다고 복음을 전하는 데 은사가 있는 사람도 아니었다. 전혀 예상하지 못한 이야기에 대답을 못 하고 우물쭈물 서 있자, 어느새 내 주변에 다가온 친구들이 "그래, 우리 같이 신학교에 가면 되겠다." 하며 내 어깨를 감쌌다. 나는 목사님께 싫다고 말씀을 드리기가 죄송해서 얼떨결에 "예"라고 대답해버렸다. 목사님은 너무 기뻐하셨고, 친구들도 박수를 치며 좋아했다.

'그래, 이왕 이렇게 된 것 신학교에 한번 들어가 보자. 친구들과 헤어진다는 게 아쉽기도 했고….' 나는 여전히 친구들이 좋았다. '친구들이 새롭게 출발하는 모습을 곁에서 지켜볼 수 있는 것만으로도 나쁘지 않겠다. 그리고 달라진 친구들과 함께 있다 보면 어쩌면 나도 달라질 수 있지 않을까?'

나는 굿뉴스신학교에 입학 원서를 제출했다. 훌륭한 신학생이 되고 싶다기보다는 그저 친구들 곁에서 그들이 얼마나 변했는지 보고 싶었다. 2007년 봄이 찾아오던 때에 나는 얼떨결에 신학교에 입학했다.

신학교 입학

멋대로 살던 나에게 신학교 생활은 쉽지 않았다. 함께 기숙하며 매일 새벽부터 밤늦게까지 성경을 읽고 생각하고 강의를 들었다. 안 하던 공부를 하려니 머리가 아팠다. 정해진 시간을 따라 규칙적으로 사는 것도 힘들었다. 한 번도 그렇게 살지 않았기 때문에 온몸이 비명을 지르는 것 같았다. 나와 다르게 친구들은 진지하게 강의를 들었고, 자신들이 그 자리에 있음을 감사해했다.

나는 단 하루도 일과를 따라가는 것이 벅찼다. 함께 입학한 다른 동기생들은 나와 전혀 달랐다. 수업 시간에 동기생들이 발표하는 것을 듣거나 평소 그들이 생활하는 태도를 보면서, 나는 무언가 잘못되었다는 생각을 했다. 마치 저마다 아름다운 깃털을 가진 새들 사이에 끼어 있는 까마귀가 된 기분이었다. 복음을 전하는 은사는 없더라도, 최소한 복음을 전하고 싶은 마음은 생길 줄 알았지만 그렇지 않았다. 동기생들과 어울릴 수 없는 까마귀 같은 내 모습이 드러날까봐 조바심이 났다.

얼마 후, 신학생들이 다 무전 전도 여행을 떠난다고 했다. 신학교 교육 과정 중에서 가장 기대되는 시간이었다. 주머니에 돈 한푼 없이 아는 사람도 없는 곳에 가서 한 주 동안 전도해야 하지만, 복음을 전하는 동안 하나님이 도우실 것을 생각하며 모든 학생들이 설레고 들뜬 마음으로 준비했다. 나 또한 그날을 기다렸다. '그래, 이번에 전도 여행을 다녀오면 나에게도 무슨 변화가 생길지 몰라.'

전도 여행을 출발하기 전날, 멀쩡하던 발등이 벌겋게 붓기 시작했다. 어디에 부딪힌 것도 아닌데 통증이 심했고, 오한과 열이 나기 시작했다. 병원에 가서 봉와직염이라는 진단을 받았다. 그런 상태로는 걸을 수 없기 때문에 당장 수술해야 한다고 했다. 결국 모두 전도 여행을 떠나는 날 나는 하얀 병원복을 입고 수술실에 들어갔다. 수술은 잘 되었지만 며칠 동안 홀로 병실에 누워 있으면서 수많은 생각들이 나를 괴롭혔다. 박 목사님은 나에게 신학교에 입학하라고 권하셨지만, 하나님께서 내가 신학교에 있는 것을 기뻐하시지 않는 것 같았다. '모든 신학생이 전도 여행을 떠났는데 왜 나만 빠졌을까? 하나님이 내가 여기 있는 것을 기뻐하시지 않는구나.' 착잡했다.

전도 여행에서 돌아온 신학생들은 한 주 동안 하나님이 어떻게 먹이셨고 재우셨으며 복음을 전하게 하셨는지, 보따리를 풀어놓는 것처럼 간증을 쏟아냈다. 물론 나는 전혀 기쁘지 않았다. 하나님이 다른 학생들은 돕지만 나는 돕지 않으신다는 확신이 들자, 신학교에 더이상 있어야 할 이유가 없었다. 떠나기로 마음먹고 짐을 쌌다. 내게 맞지 않는 옷을 더이상 입고 있고 싶지 않았다. '그래, 내가 무슨 복음 전도자냐? 무슨 목사고 선교사냐? 말도 안 되지. 송충이는 솔잎을 먹고 살아야 하는 거야.'

짐을 들고 나오려고 하는데 친구들이 나를 붙잡았다.

"한솔아, 너 다시 옛날처럼 살 거야? 너도 알잖아, 우리가 얼마나 한심하게 살았는지. 나는 너와 같이 신학교에 들어오게 되어서 정말 감사했다. 그런데 네가 이렇게 나간다고 하니 너무 속상하다."

친구는 내 앞에서 처음으로 눈물을 흘렸다. 그러나 내 마음은 확고했다. 친구밖에 모르고 살았지만, 친구들이 내 신앙을 대신 해줄 수는 없었다.

"미안하다. 너 잘 지내는 모습 보았으니 됐다. 나는 아무래도 아닌 것 같다. 건강해라."

붙잡는 친구를 뒤로하고 신학교를 나왔다. 마음이 복잡했다. '어차피 나는 안 돼. 해외 봉사도 가보았고 신학교에도 입학했었잖아. 그런데도 안 변하면, 그건 안 되는 거야. 차라리 원래대로 돌아가는 게 나아.' 애써 나 자신을 위로하며 길을 나섰다. 바람이 아직 차가웠다.

집은 교회고 아버지는 목사님이니, 어디로 가야 할지 몰랐다. 주머니에는 한푼도 없었다. 내가 신학교에서 나갔다는 소식을 듣고 아버지께서 실망하실까봐 나는 먼저 아버지에게 장문의 문자를 보냈다. 신학교까지 들어갔지만 신앙에는 관심이 없고 여전히 변하지 않는 내 모습을 다시 말씀드리는 것이 쉽지 않았지만, 아버지에게는 이야기를 드리고 싶었다.

“아버지, 저는 신학생들 중에서 제일 못난 사람이에요. 저에게는 복음 전도자의 은사가 전혀 없어요. 이 길이 저에게 맞지 않는 것 같아요. 성경을 읽어도 이해도 잘 안 가요. 저는 아버지 같은 훌륭한 목사가 될 수 없어요. 죄송해요.”

한참 뒤, 아버지는 나에게 장문의 답을 보내셨다.

“솔아, 아버지는 전도자들 중에서 제일 못난 사람이야. 그렇지만 세상에서 가장 값지고 귀한 일을 하는데 좀 못나면 어떠니? 아무도 알아주지 않아도 우리는 세상에서 가장 영광스럽고 복된 일을 하는 거야. 이런 귀한 일을 하는데 좀 못나면 어떻고 부족하면 어떻니? 그냥 거기서 가장 못난 신학생으로 있으면 안 되니? 세상에서 가장 기치 있는 일을 하는 가장 못난 아버지와 아들, 나는 괜찮은 것 같은데?”

완벽하게 보였던 아버지는 당신을 가장 못난 사람이라고 낮추셨다. 내 눈에 아버지는 최고의 목사였다. 많은 사람이 아버지에게 복음을 듣고 구원을 받았고, 아버지는 어디를 가나 복음을 전하셨다. 그런 아버지는 나에게 거대한 산이었다. 도무지 아버지 같은 삶을 살 자신이 없었다. 그런데 아버지는 당신이 가장 못난 사람이라고 하셨다. 그것은 빈말이 아니었다. 복음을 전하면 전할수록 아버지는 부족함을 느끼셨다. 그렇게 부족한 당신을 쓰시는 하나님께 늘 감사해하셨다. 그렇기에 비록 아들이 신학생 가운데 꼴찌일지라도 그것이 하나님이 일하시는 데에는 전혀 문제가 되지 않는다고 믿으셨다.

아버지의 문자를 받고 나는 한동안 생각에 잠겼다. 설령 내가 목회의 길을 걷는다 해도 누구보다 형편없는 사람이 될 것은 자명했다. 나는 다른 사람들과 나 자신을 비교하며 못난 모습을 보이지 않으려고 애썼지만, 그냥 가장 못난 사람임을 인정하니 마음이 조금 가벼워졌다. '그래, 가장 못난 사람으로 한번 살아 보자. 사실은 내가 까마귀라고 고백하자. 신학교에서 나에게 나가라고 하지 않는다면 다시 한 번 시작해 보자.' 나는 발걸음을 다시 신학교로 돌렸다.

여전히 제자리에서

돌아오긴 했지만, 나는 여전했다. 성경을 읽어도 무슨 이야기인지 이해하기 힘들고, 수업도 따라가기 벅찼다. 도피하듯 군대에 입대했다.

"너, 담배 피우냐?"

자대 배치를 막 받은 나에게 한 고참이 물었다.

"예, 피웁니다."

나도 모르게 그렇게 대답했다. 그는 나에게 담배 한 개비를 건

냈다. 신병교육대에서 훈련받는 동안 손대지 않은 담배였는데, 다시 담배를 입에 물었다. 하얀 연기가 뿜어져 나가면서, 부대에서 복음 전하기는 틀렸다는 사실을 직감했다. 내가 신학생임을, 아버지가 목사임을 이야기하지 않았다. 그렇게 말하기에는 내 모습이 너무 부끄러웠다. 그렇게 힘없이 나는 제자리로 돌아갔다.

부대에서 나는 인정받는 병사였다. 간부들과 선임들이 "한솔이 저놈처럼만 해라." 할 정도로 열심히 생활했다. 열심히 하면 인정받는구나 싶어 차라리 신앙을 등지고 싶었다. 가끔 비슷한 시기에 군대에 간 신학교 동기생들의 편지를 받았다. 그 친구들은 군대에서도 복음을 힘있게 전하고 있었다. 하나님이 일하신 믿을 수 없는 이야기들이 편지에 줄줄이 쓰여 있었다. 하지만 나와는 별로 상관없는 이야기 같았다. 동기생들과 나는 갈수록 격차가 벌어졌다.

제대할 즈음 진로에 대해 고민하기 시작했다. 군대에서는 다 똑같은 출발선에서 시작하기에 내가 인정받을 수 있었지만, 사회에서 나는 다른 사람들과 같은 출발선에 설 수 없다는 사실을 잘 알고 있었다. 그동안 되는 대로 살며 허비한 시간을 보충해야 했다. 한 번도 읽지 않았던 책을 손에 들었다. 제대할 때에는 백여 권을 읽었을 만큼 어떻게 살아야 할지 답을 찾기 위해 몰두했다. '차라리 군생활을 계속하면 어떨까?' 생각도 했지만, 직업 군인의 삶도 쉽지는 않아 보였다. 무엇보다 나는 윗사람을 무조건 따르지 못하는 모난 사람이어서, 평생 군인으로 살 자신이 없었다.

제대한 뒤, 고졸에 자격증도 없고 성적도 형편없었던 내가 갈 곳은 없었다. 어디로 가야 할지 길이 보이지 않았다. 아버지는 신학교 복학을 권하셨다. 나는 복학해서 신학교를 졸업하는 것은 둘째 치고 신앙생활을 할 자신이 없었다. 이미 저 앞에서 달려가고 있는 동기생들과 함께 지낼 자신이 없었다. 아버지는 나에게 인생에서 가장 행복한 적이 언제였느냐고 물으셨다. 나는 음푸를 떠올렸다. 아무것도 없었지만 행복했던 때가, 잠깐이었지만 나에게도 있었다. 하지만 이내 고개를 내저었다. 그렇게 살았던 기억도 잘 나지 않을 만큼 나는 형편없이 살고 있었기 때문이다. 고개를 떨구고 있는 나에게 아버지가 말씀하셨다.

"네가 인정을 받으면 잠깐은 기쁘겠지. 그런데 인정을 못 받으면? 참된 행복은 하나님에게서 오는 거야. 나는 네가 누구보다 행복하게 살길 바란다."

아버지는 내가 성공하기보다 행복하게 살길 바라셨다.

박 목사님도, 친구들도 모두 내가 복학하기를 기다렸다. 이해가 가지 않았다. 내가 어떻게 살았는지 누구보다 잘 아는 사람들인데 나를 포기하지 않았다. 아무리 살펴보아도 나는 신학생으로서의 자격이 없었다. 그런데 도대체 왜 모두 나에게 그 길을 권하는지 이해가 가지 않았다. '혹시 내가 모르는 세계가 있나? 그래, 마지막이라 생각하고 한 번만 더 가보자.'

신학교에 복학했지만 나는 여전히 할 말이 없었다. 세상 즐거움은 잠시 달콤한 기쁨을 주는 것 같지만, 마치 술에서 깨면 숙취로 머리가 깨질 것처럼 아프듯이 나는 괴로웠다. 그럼에도 나는 그

유혹을 이기지 못해 또 넘어가고 후회하는 삶을 반복했다. 정신을 차려 보니, 신학교에 입학한 지 6년이 흘렀다. 동기생들은 진작 졸업해 한 교회의 어엿한 사역자로, 한 나라의 선교사로 파송을 받았다. 사회의 친구들 또한 대학을 졸업하고 직장에 들어가 자리를 잡아 갔다. 나는 여전히 제자리였다. 6년이 지났지만 나는 여전히 출발선을 벗어나지 못하고 있었다. 동기생들과 나의 거리가 이제는 따라갈 수 없을 만큼 멀어졌다는 사실을 깨달은 순간, 말할 수 없는 박탈감과 후회가 밀려왔다. 이제는 결단을 내려야 했다. 6년 동안 변화되지 않았다면 신학교에 더 있어야 할 이유가 없었다.

박옥수 목사님을 찾아갔다. 그동안 어떻게 지냈는지, 부끄러운 내 모습을 목사님께 말씀드렸다. 이제는 신학교에서 나가겠다는 말이었다.

"목사님, 저는 이제 신학교를 그만두려고 합니다. 죄송합니다. 저는 신학교에 6년간 있었습니다. 그동안 저를 통해서 구원을 받은 사람이 있었던 것도 아니고 변화된 사람이 있지도 않았습니다. 하지만 그런 것들은 저에게 문제가 되지 않습니다. 재능이 없으면 더디 나타날 수도 있으니까요. 저의 문제는, 신학생이라면 복음을 잘 전하지는 못해도 최소한 복음을 전하려는 마음은 있어야 하는 것 아닌가요? 복음을 사랑하는 마음은 있어야 하는 것 아닌가요? 그런데 저는 그런 마음이 없습니다. 저에게 그런 마음이 조금이라도 있었다면 저는 신학교를 나가려고 하지 않았을 겁니다. 그런데 6년 동안 그런 마음이 들지 않았습니다. 그것은 하나님이 저를 부르시지 않았다는 이야기인 것 같습니다. 이제는 교수님들이나 부모님이 저 때문에 더 시간을 낭비하게 하고 싶지 않습니다. 저는 안 변합니다. 저는 안 된다고요. 그래도 최소한 목사님께는 이야기를 드려야 할 것 같았습니다. 저를 신학교에 오도록 인도해 주셨으니까요. 죄송합니다. 정말 죄송합니다."

형편없는 내 모습을 그대로 드러내니 부끄러웠지만, 이제는 결단해야 했다.

내 인생을 바꾼 말씀

"그런데 너 구원은 받았어?"

생각지도 못한 질문이었다. 목사님이 나에게 "신학생이 어떻게 그럴 수 있어? 네가 그러고도 신학생이야? 그리스도인이야?"라고 나무라셨으면 속이라도 편했을 텐데, 구원은 받았느냐니. 구원받았다고 말하려고 하니, 문득 내 모습이 너무 부끄럽고 초라했다. '구원받은 사람이 너처럼 사냐? 네가 그러고도 구원받았다고 말할 수 있어?'라는 생각이 들었다. 나는 대답을 망설였다. 내가 우물쭈물하고 있자 목사님이 입을 여셨다.

"예수님이 어떤 사람을 위해 돌아가신 줄 알아? 믿음이 좋고 신실하고 착한 사람들을 위해서만 돌아가신 게 아니야. 예수님은 이 땅에 오셔서 모든 사람의 죄를 위해 돌아가셨어. 그 모든 사람 안에는 신실하고 믿음 좋은 사람들도 있지만, 대적하고 배신하고 엉망인 사람들도 포함되어 있어. 사람들이 자기 잘못 때문에 지옥에 간다고 생각하지만, 사실은 그런 자신을 위해 돌아가신 예수님을 믿지 못해서 지옥에 가는 거야. 예수님이 모든 사람을 대신해 돌아가셨다는 건, 한솔이 너처럼 엉망인 사람을 위해서도 돌아가셨다는 거야."

나는 깜짝 놀랐다. 예수님이 모든 사람의 죄를 위해 돌아가셨다는 것을 알고 있었지만, 나 같은 사람을 위해서 돌아가셨다는 것을 나는 믿지 않고 있었던 것이다. 그래서 나는 늘 내 모습을 바라보았다. 내 삶이 좀 괜찮으면 구원받았다고 생각하고, 다시 엉망으로 돌아가면 구원받지 않은 것 같다고 생각했다. 그런데 예수님은 신실한 동기생들만 위해서 돌아가신 것이 아니라, 그분은 나를 위해서도 돌아가신 것이었다. 목사님이 이어서 말씀하셨다.

"예수님은 우리를 의롭다 하기 위해 부활하셔서 우리 마음속에 살아 계셔. 그 말은 네 마음속에도 예수님이 살아 계신다는 거야. 한솔이 너는 복음을 사랑하는 마음이 없지. 너는 복음을 위해 살고 싶은 마음이 없지. 당연한 거야. 그러나 너를 위해 돌아가시고 네 마음속에 살아 계신 예수님은 그렇지 않아. 너를 위해 돌아가신 예수님이 네 마음속에 너와 함께 계셔. 예수님을 바라봐."

머리를 한 대 맞은 것 같았다. 한 번도 생각해본 적 없는 사실이었다.

'나 같은 사람 속에 예수님이 살아 계신다고? 그분은 나를 위해서 돌아가셨을 뿐 아니라 내 안에 살아 계시는구나. 나같이 더럽

고 허물 많은 사람을 위해서 돌아가시고, 이런 내 안에 살아 계시는구나.'

신앙이 좋은 사람들을 보면서 예수님이 그들의 삶 속에서만 일하시고 나와는 상관이 없다고 생각했었다. 그런데 실제 예수님은 몇몇 사람들만을 위해서 돌아가신 것이 아니라 모든 사람을 위해 돌아가셨고, 그 모든 사람 속에는 내가 포함되어 있었다. 나 같은 사람 속에도 살아 계신 예수님을 처음으로 바라보게 된 그날, 도무지 끝나지 않을 것 같던 캄캄한 터널 속에서 한 줄기 빛을 만난 것 같았다. 그날 이후 내 인생은 송두리째 달라졌다. '세상에, 나 같은 사람 안에도 예수님이 계신다니!'

나는 늘 내 모습을 바라보았고, 내 모습을 바꾸려고 했다. 그렇게 하지 못해 늘 실망했고, 절망했다. 성경에 예수님이 말씀하신 가라지 비유가 나온다. 주인이 좋은 씨를 심었는데 어느 날 그 밭에 원수가 가라지를 심었다. 하루는 종들이 일어나서 보니 밭에 가라지가 자라고 있었다. 그들이 주인을 찾아갔다.

"주인님, 밭에 가라지가 자라고 있어요!"

주인이 말했다.

"원수가 그렇게 하였구나."

원수가 가라지를 뿌렸다는 사실을 안 종들이 말을 이었다.

"주인님, 우리가 그 가라지를 뽑을까요?"

주인의 대답이 의외다.

"가만두어라."

원수가 심었다는 사실을 알면서도 주인은 가라지를 뽑지 말고 가만두라고 했다. 가라지를 뽑다가 곡식이 뽑힐까 염려했기 때문이다.

종들은 가라지를 보았고, 주인은 곡식을 보았다. 원수의 목적은 가라지가 자라나게 하는 것이 아니었다. 가라지를 뽑게 하여 곡식을 상하게 하는 것이 진짜 목적이었다. 나는 오랫동안 내 삶에서 가라지를 뽑으려고 애썼다. 하지만 아무리 뽑고 뽑아도 가라지는 다시 자라났다. 결국 '나는 해도 안 되는구나.' 하고 깊은 절망에 빠져 신앙도, 하나님도 버렸다.

나는 가라지가 없는 사람이 되고 싶었지만 성경은 가라지를 문제삼지 않았다. 그보다 더 능력 있는 예수님이 우리의 알곡이기 때문이다. 알곡의 능력을 믿지 못하는 사람은 가라지가 자라나는 것을 볼 때마다 괴로움을 겪는다. '어제 다 뽑은 것 같은데 또 자랐네.' 내 마음이 그랬다. 분명히 좋은 날도 있었지만 자고 일어나면 가라지가 다시 자라 있었다. 나는 그것이 내가 신앙생활을 할 수 없는 이유라고 생각했다. 나에게는 가라지를 뽑을 힘이 더이상 남아 있지 않았기 때문이다. 결국 나는 신앙을 포기했다.

나는 신앙을 오해했다. 가라지를 뽑아 없애는 것이 변화라고 생각했다. 그런데 박 목사님은 나를 위해 돌아가신 예수님, 형편없는 내 안에 살아 계신 예수님을 바라보게 하셨다. 나는 그제야 가라지를 없애는 것이 신앙이 아니라, 가라지가 있지만 알곡을 바라보는 것이 신앙임을 알았다. 변화는 가라지가 있고 없음에 달린 것이 아니라, 알곡에 달린 것이었다. 내 신앙관이 송두리째 바뀌었다.

'나 같은 사람 안에도 예수님이 계신다니!'

예수님과 함께라면, 아무도 알아주지 않아도 그렇게 한평생 살 수 있을 것 같았다. 나는 여전히 출발선에 있었지만, 앞서 달리는 사람들이 더이상 보이지 않았다. 내 옆에서 내 손을 잡고 서 계신 예수님이 보였다. 나는 죄에서, 그리고 형편없는 내 삶에서 건짐을 받았다. 예수님이 나를 인도하기 시작하셨다.

그 해에 나는 신학교를 졸업했다. 그리고 결혼했다. 아내는 내 허물을 다 덮어주는 현명하고 따뜻한 여자였다. 내가 얼마나 형편없이 살았는지 알았지만 개의치 않았고, 앞으로의 삶을 응원해 주었다.

아이티로

2012년 2월, 우리 부부는 아이티에 선교사로 파송되었다. 아이티는 중미 카리브 해에 있는 섬나라로, 같은 섬에 아이티와 도미니카 두 나라가 있다. 2010년에 발생한 대지진으로 20만 명이 넘는 사람들이 사망한, 큰 상처가 있는 곳이었다. 수많은 건물이 붕괴되었고, 대통령궁마저 형체를 알아보기 힘들 만큼 무너졌다. 지진이 난 뒤 대통령이 가장 먼저 해외로 도피하는 바람에 국민들의 마음에는 정부를 향한 불신과 하나님을 향한 원망, 그리고 자신들은 끝났다는 절망감이 가득했다. 내가 아이티에 갔을 때는 대지진 후 2년이 지난 뒤였는데도 피해 흔적들이 거리 곳곳에 그대로 남아 있었다. 대통령궁 또한 무너진 그대로 있었다. 수많은 난민이 발생했고, 갈 곳을 잃은 아이들이 거리로 내몰려 죄에 빠져 신음하고 있었다.

지금도 아이티에 도착한 그날이 잊혀지지 않는다. 비행기에서 내리자 숨 막히는 더위가 우리를 맞았다. 공항은 우리나라 버스 정류장보다 작았다. 제대로 된 도로도 없고 거리에는 흙먼지가 자욱했다. 많은 청년들이 나무 그늘에 앉아서 공허한 시선으로 하늘을 쳐다보고 있었다.

얼마 지나지 않아, 내가 왜 10년이 훌쩍 넘는 시간 동안 터널 속에 있는 것 같은 어두운 나날을 보내야 했는지 비로소 알았다. 아이티에는 나와 같은 사람들이 많았다. 그들은 오랜 가난과 엎친 데 덮친 격으로 찾아온 지진으로 더이상 일어날 힘이 없었다. 더욱 큰 문제는, 자신들은 하나님에게 버림받았다고 생각하는 사람들이 많았다. 교육을 담당하는 정부 관계자들도 아이티는 안 된다고 말했다. 청년들의 꿈은 하나같이 아이티를 떠나는 것이었다.

"선교사님, 우리는 안 돼요. 하나님이 우리를 저주했어요. 이 나라는 아무 희망이 없어요."

나는 그들에게 안 된다고 말할 수 없었다. 누구보다 방황하고 누구보다 많은 사람을 힘들게 한 나를 하나님이 변화시키셨는데

아이티로 간 이한솔 선교사 부부

그들이라고 안 될 이유가 없었다. 미친 사람처럼 보였겠지만, 나는 그들에게 아이티는 변한다고 외치기 시작했다. 가라지가 많은 나라였지만, 그들에게 가라지가 아닌 알곡을 이야기했다. 11년 동안 아이티에서 안 가본 지방이 없을 정도로 많은 곳을 돌아다니며 복음을 전했다. 그 11년은 내 인생에서 한없이 행복하고 보람된 시간이었다.

놀랍게도, 나를 통해 구원받는 사람들이 일어났다. 믿을 수 없었다. 삶이 변하는 사람들도 생기기 시작했다. 하루는 나보다 열 살은 많아 보이는 형제가 찾아와 나에게 조심스레 물었다.

“선교사님, 선교사님을 아버지라도 불러도 되겠습니까?”

나이를 물으니 나보다 한참 많았다. 내가 손사래를 치며 무슨 아버지냐고 그랬더니, 형제가 이렇게 이야기했다.

"저는 어릴 때 아버지가 돌아가셔서 아버지에 대한 기억이 없어요. 어머니와 힘들게 살면서 세상을 원망하고 죄도 많이 지었고요. 그런데 선교사님을 만나 구원받은 뒤, '만약 아버지가 살아 계셨다면 선교사님처럼 이야기해주시지 않았을까?'라는 생각이 들었어요. 사람들이 다 저에게 '너는 저주 받았어. 너는 버림받았어.'라고 했고, 제가 봐도 그 말이 맞았어요. 그런데 선교사님만 그렇지 않다고 이야기해 주셨어요. 살면서 처음으로 '내가 얼굴도 모르는 아버지의 마음이 이런 것이 아닐까?'라는 감정을 느껴 선교사님을 아버지라고 부르고 싶었어요."

가라지가 아닌 알곡을 바라보는 순간, 그들도 나처럼 변하기 시작했다. 신기한 일이었다.

아이티에는 워낙 가난하다 보니 부모에게 버림받은 아이들이 많고, 계부모 밑에서 사랑을 받지 못하고 자란 사람들 천지였다. 사랑을 받은 적이 없으니 어떻게 사랑을 주어야 하는지도 몰랐다. 그들의 삶에는 아무 소망이 없었다. 그런데 복음이 그들 마음에 들어가자 변하기 시작했다.

오랫동안 방황한 나의 이야기는 그들에게도 '그럼 나 같은 사람을 위해서도 예수님이 돌아가셨고, 이런 내 안에도 예수님이 살아 계시는구나!'라는 사실을 깨닫게 했다. 그들은 더이상 자신의 모습을 바라보는 것이 아니라 그들 속에 살아 계신 예수님을 바라보았다. 변화가 시작되었다. 사람들이 변하는 모습이 놀라웠다. 예수님이 그들을 이끌어 가시는 것을 선명하게 볼 수 있었다. 그동안 헤아릴 수 없이 많은 사람들이 변화되어, 자신들처럼 방황하고 좌절하는 사람들에게 복음을 전하고 소망을 전하며 사는 것을 보았다. 끝이 보이지 않는 황량한 광야를 허덕이면서 걷는 것 같았던 나의 지난 시간들, 그것은 하나님이 나를 당신의 도구로 사용하기 위한 계획이었다.

부모가 되어 보아야 부모의 마음을 알 수 있다는 말처럼, 나는 선교하면서 복음의 가치를 알았다. 아이를 낳으면 해산의 고통을 잊고 아이가 주는 기쁨으로 행복해지는 것처럼, 복음을 전해 사람들이 구원받고 변하는 모습을 보면서 내 근심과 염려는 작아지고 주님이 주시는 기쁨이 마음에 가득해지는 것을 경험할 수 있었다. 그 모든 순간을 기록하자면, 종이를 한없이 쌓아 놓아도 부족할 것이다.

아 이 티   안 녕

3장

변화되는 사람들

변화되는 사람들

아이티 아이의 꿈

2010년 1월 12일에 발생한 규모 7.0의 강진은 아이티 사람들에게 그야말로 악몽 같은 지진이었다. 10년이 훨씬 지난 지금까지도 아이티 사람들 마음에는 지진에 대한 트라우마가 강하게 남아 있다. 지진보다 더 큰 문제는, 지진으로 인해 사람들이 삶을 포기한 것이었다. 안 그래도 가난으로 대부분 하루하루 어렵게 사는 사람들이 지진으로 집을 잃고 가족을 잃은 뒤, 하나님이 아이티를 저주하고 버렸다고 생각해 자포자기한 채 지냈다. 어린 여자 아이들은 푼돈을 벌기 위해 몸을 팔았고, 남자 아이들은 갱단에 들어가거나 강도짓을 하며 살았다. 부모를 잃은 아이들은 기댈 곳이 없었고,

잘못된 길을 가고 있지만 어떻게 돌아와야 하는지도 몰랐다. 거리 곳곳에는 놀고 있는 사람들이 부지기수였고, 초점을 잃은 눈동자로 멍하니 허공을 응시하고 있는 그들에게서는 어떤 희망도 느껴지지 않았다.

우리 부부가 아이티에 도착한 지 얼마 안 되어, 하루는 집 앞에서 초등학교 고학년쯤 되어 보이는 아이가 자신의 몸집보다 큰 리어카에 물을 싣고 땀을 뻘뻘 흘리며 힘겹게 가고 있었다. 비포장도로여서 먼지가 자욱한데, 울퉁불퉁한 길을 넘어지지 않으려고 이리저리 힘을 쓰며 지나가는 아이가 안쓰럽기도 하고 가족을 위해 물을 떠가는 게 대견하기도 해서 물과 과자를 주려고 아이를 불렀다. 어른스럽기도 했던 녀석은 과자를 보더니 영락없는 아이의 모습으로 돌아왔다. 얼마나 좋아하던지, 잠시 그늘에서 아이와 이런저런 이야기를 주고받다가 문득 아이의 꿈이 무엇인지 궁금했다.

"너는 꿈이 뭐니?"

내 질문을 들은 아이는 한참 생각하다가 나에게 되물었다.

"꿈이 뭐예요?"

나는 아이가 알아듣기 쉽게, 나중에 어떤 사람이 되고 싶은지 다시 물었다. 아이의 대답은 내 예상과 완전히 달랐다.

"저는 학교에 가는 게 꿈이에요. 학생이 되어 교복을 입고 다니고 싶어요."

아이의 대답이 나를 부끄럽게 했다. 나는 한 번도 학생이 되고 싶다는 생각을 해본 적이 없었다. 학생은 당연히 되는 것이라고 생각했기에, 하루빨리 교복을 벗고 싶다는 생각만 했다. 그런데 학생이 되는 것이 아이티에 있는 누군가에게는 이루고 싶은 꿈이었다. 알고 보니, 녀석은 지진으로 부모를 잃어 이웃집에 얹혀살고 있었다. 하루 종일 우물에서 물을 떠오고 청소하고 빨래하는 조건으로 이웃집에서 먹여주고 재워주고 있었다. 학교에 가지는 못하지만 숙식을 제공받는 것만으로도 자신은 운이 좋다고 여겨, 아이는 열심히 일하며 지내고 있었다. 하지만 저 멀리 우물까지 물을 길러 갈 때면, 또래 아이들이 교복을 입고(아이티에서는 유치원 때부터 교복을 입는다) 학교에 가는 모습이 부러웠던 것이다.

그 아이와 만난 뒤, 학교에 가지 못하고 교육을 받지 못하는 아이들이 내가 생각하는 것보다 많다는 사실을 알았다. 그 아이들을 위해 교육 활동을 시작했다. 매주 토요일에 무료 아카데미를 개설해 학생들에게 영어와 스페인어, 태권도와 음악 등을 가르쳤다. 수업을 마치면 학생들을 한데 모아 내가 말씀을 전했다. 우리가 무료 교육을 한다고 하자 학생들이 수백 명씩 찾아왔다. 신기한 것은, 처음에는 교육에 관심을 가지고 왔다가 복음을 듣고 나서는 오히려 성경 공부 시간을 기다리는 학생들이 점점 늘어났다.

변화되는 사람들

지독한 가난과 앞이 보이지 않는 절망적인 환경에 갇혀 지내는 그들에게 그 어떤 것도 마음에 쉼과 기쁨을 줄 수 없었지만, 복음이 그들 마음에 소망이 되었다. 복음 안에서 사람들이 변하는 것을 수없이 보았다. 나는 이제 갓 아빠가 된 것처럼, 복음을 전하는 삶이 얼마나 보람되고 가치 있는지 조금씩 느끼기 시작했다.

많은 청년들이 나에게 찾아와 자신들의 잘못을 고백하며, 이처럼 악한 자기도 변화될 수 있느냐고 물었다. 나는 그들의 아픈 과거를 들으며 '이 사람은 안 되겠구나'라고 생각할 수 없었다. 바울이 고백했던 것처럼, 하나님 앞에서 나는 누구보다 악한 사람이었고 죄인 중에 괴수 같은 삶을 살았기 때문이다. 그런 나를 사랑하고 변화시키신 예수님이 그들 또한 반드시 죄에서 건지고 그들의 삶을 변화시키시겠다는 확신이 있었다. 그제야 나는 왜 나에게 방황하고 죄에 빠져 허덕이던 세월이 필요했는지 알았다. 그것은 나와 같은 사람들에게 복음을 전하라는, 주님의 뜻이었다. 어떤 사람이 찾아오든지 나는 예수님의 사랑을 전했고, 나 같은 사람을 통해서도 변하는 사람들이 하루하루 늘어났다.

첫 여행

내가 만난 많은 사람들 가운데 특별히 내 마음에 남아 있는 한 분의 이야기를 소개하려고 한다.

구원받고 변화되는 청년들이 많아지면서 우리는 무전 전도 여행을 계획했다. 매일 많은 사람들이 교회에 찾아와 복음을 들으면서, 지방에도 복음을 전해야 한다는 마음이 들었다. 아이티에는 지방에 살면서 수도에 한 번도 가본 적이 없는 사람들이 많다. 우리 교회가 있는 수도뿐 아니라 지방에도 하나님이 구원받을 많은 사람들을 준비해 두셨을 것 같았다. 나 혼자 여러 곳을 다닐 수는 없어서, 무전 전도 여행을 갈 사람을 모집하자 14명이 지원했다. 처음에는 부담스러워했지만, 당시 말이 서툰 외국인인 내가 먼저 가겠다고 하자 가보고 싶다는 사람들이 생겼다.

지원자들과 한 달간 집중적으로 성경 공부를 했다. 우리는 매일 아침 기도회를 하며 하루를 시작했고, 성경 이야기를 계속 했다. 성경을 공부하면서 사람들 마음에 복음이 더욱 선명해지는 것을 보았다. 여러 지방에 가서 복음을 전하는 동안 하나님이 도우시는 것을 함께 경험할 것을 생각하니 기대가 되었다.

세 사람이 한 팀이 되어, 다섯 개 팀이 다섯 개 도시로 가서 일주일간 복음을 전하기로 했다. 팀은 내가 나누었다. 개중에는 복음을 향한 마음이 뜨거운 사람도 있고, 말을 조리 있게 잘하는 사람도 있었다. 나는 복음을 한 번도 전해보지 않은 학생인 까도Cadeau와 에넬Enel을 우리 팀에 넣었다. 나는 두 사람에게서 예전의 내 모습을 종종 보았다. 구원받았지만, 둘 다 문제가 많은 학생이었다. 복음을 전해본 적도 없고 자신의 부족함에 많이 매여 있는 아이들이지만, 발을 내디디면 하나님이 도우실 것 같았다. 아직 언어가 서툰 나와 부족한 것이 많은 두 학생이 함께 전도 여행을 가면 주님이 일하실 수밖에 없겠다는 마음이 들었다.

우리는 수도에서 북쪽으로 차로 세 시간 정도 떨어진 '고나이브'라는 도시로 향했다. 가진 돈이 없으니 무작정 북쪽으로 걸었다. 한참을 걷다가, 지나가던 트럭이 우리를 짐칸에 태워주었다. 내리쬐는 태양 볕에 살갗이 벗겨지는 것 같았지만, 하나님이 트럭 운전수의 마음을 움직여 우리가 고나이브까지 갈 수 있도록 도우시는 것을 보며 감사했다.

오후가 되어 고나이브에 도착해 집집마다 찾아다니며 복음을 전하기 시작했다. 밤이 되기까지 문을 두드리며 복음을 전했다. 흔쾌히 문을 열어 주고 이야기를 들어 주는 사람들이 있어서 감사했다. 어느덧 해가 지고 시간이 한참 흘러, 거리에는 술에 취한 사람들만 드문드문 보였다. 나는 그 사람들에게 다가가 복음을 전했다. 나중에야 알았지만, 까도와 에넬은 무서웠다고 한다. 그들은 한눈에 봐도 불량배였기 때문이다. 나는 아무것도 모른 채 복음을 전했고, 그들이 복음을 듣고 나서는 정말 감사해했다.

밤이 깊었지만 어디로 가야 할지 몰라 무작정 걷고 있는데, 낮에 복음을 들었던 아주머니가 우리를 발견했다.

"아이고 세상에나, 이 시간까지 복음을 전하러 돌아다니시는 거예요? 잘 곳은 있어요? 우리 집에 빈방은 없지만 거실이라도 괜찮으면 거기서 자도 돼요."

우리는 아주머니 집으로 향했다. 아주머니가 따뜻한 차와 빵을 대접해 주셨다. 아침을 먹고 출발한 뒤 아무것도 먹지 않았기에 차와 빵이 꿀맛이었다. 다 먹고 나서 아주머니 가족에게 복음을 전했다. 그 밤에 그 가족들이 다 구원을 받았다. 얼마나 감사했는지 모른다. 받아 주는 사람이 없어서 마구간에서 태어나신 예수님을 생각하며, 거실에서 허리를 펴고 잘 수 있어서 감사했다. 잠자리에 들기 전에 학생들과 함께 기도한 뒤, 다음 날 어디로 가야 할지 모르지만 고나이브에서 복음 전하길 원하시는 하나님이 우리 길을 인도하실 것을 소망하며 단잠에 빠졌다.

동굴에서 만난 사람

다음 날 이른 아침, 우리는 아주머니에게 감사하다고 인사를 드리고 복음을 전하기 위해 길을 나섰다. 집들을 돌아다니며 복음을 전하고 있는데, 까도가 '이곳에 아이티의 시내산이 있는데 한번 가보면 어떻겠느냐?'고 물었다. 정해진 목적지가 없기에 우리는 시내산에 가보기로 했다.

아이티 산은 한국 산과 달리 나무가 거의 없는 민둥산이었다. 아이티 사람들은 음식을 조리할 때 대부분 숯을 사용하기에, 숯을 만들기 위해 산에 있는 나무를 다 베어가 산들이 대부분 민둥산이 된 것이다. 산에 나무가 없으니 그늘도 없어서, 가파른 길을 뙤약볕을 받으며 오르다 보니 금세 숨이 차고 땀이 물 흐르듯 흘렀다. 우리는 산 중턱에서 쉬었다 가기로 했다. 쉴 곳을 찾아보니 작은 동굴 같은 곳이 보였다. 그 안에 들어가 그늘에서 땀이라도 식히려고 다가갔더니 동굴 안에서 한 사람이 무릎을 꿇고 기도하고 있었다. 우리는 방해하지 않으려고 멀찍이 떨어져 기도가 끝나길 기나렸다. 한참 후 기도를 마친 그 사람이 우리를 발견했다.

"어디에서 오셨어요? 어쩌다 이 산중턱까지 오신 거예요?"

그가 말을 걸어왔다.

"저는 선교사로, 이 도시에 복음을 전하기 위해 두 학생과 함께 일주일 동안 무전 전도 여행을 왔습니다. 오늘이 이틀째입니다."

"무전 전도 여행이요? 저는 외국인이 아이티에서 선교사님처럼 연고자도 없는 곳에서 일주일씩 전도 여행을 하는 건 처음 봅니다."

그는 아주 흥미로워했다. 자신도 목사이며, 그 산에서 일주일째 금식 기도를 하고 있으며, 그날이 마지막 날이라고 했다. 무엇 때문에 산에서 일주일이나 금식하며 기도하고 있는지 궁금해서 이유를 물었다. 그러자 그의 표정이 어두워졌다.

"사실은 누구에게도 말 못할 큰 고통이 있는데, 아무리 애를 써도 해결되지 않아 금식하며 하나님을 찾고 있어요."

그렇게 우리는 대화를 시작했다. 그는 목사지만 죄 때문에 고통스럽다고 했다. 아무리 노력해도 마음에서 올라오는 죄가 해결되지 않는다고 했다.

"목사님, 죄가 있는 사람은 죄인입니까 의인입니까?"

"죄인이지요."

"죄인은 천국에 갈 수 있습니까?"

"못 가지요."

"그렇다면 목사님은 천국에 가실 수 있습니까?"

"저는 당연히 갈 수 있지요."

"그럼 목사님은 의인입니까?"

"저는 죄인이지요. 그러나 죄를 짓지 않으려고 애쓰고, 혹 죄를 지으면 하나님께 용서를 구하니 천국에 갈 수 있지요."

"목사님, 저도 오랫동안 죄를 짓지 않으려고 애썼습니다. 그런데 어떤 날은 조금 변한 것 같다가 금세 다시 죄를 짓는 저를 보았습니다. 가라지를 아무리 뽑아도 며칠 지나면 가라지가 다시 올라왔습니다. 저는 결국 신앙도, 교회도, 하나님도 저버렸습니다. 그것은 참된 신앙이 아니었습니다."

목사님은 내 이야기에 귀를 기울였다. 나는 내 인생을 변화시킨 예수님을 이야기했다. 내가 얼마나 형편없이 살았는지, 그리고 그런 나를 예수님이 어떻게 죄와 고통에서 건져 변화시키셨는지 간증했다. 이야기를 듣던 목사님의 표정이 환하게 밝아지더니, 갑자기 내 앞에 무릎을 꿇고 큰절을 했다. 나는 깜짝 놀랐다.

목사님의 이야기

그 목사님은 고나이브에서 제일 큰 교회의 부목사였다고 한다. 10년 넘게 재직했는데, 한번은 자신이 출장을 간 사이에 담임 목사가 자기 아내를 불러서 '이제 자녀들이 성장해 학교에 보내려면 돈이 많이 필요할 텐데 내가 돕고 싶다. 대신 나와 잠자리를 가져야 한다'고 했다. 사모님은 일언지하에 거절한 뒤, 남편이 돌아오자 그 일을 그대로 이야기했다. 목사님은 큰 배신감을 느끼고 담임 목사의 이중적인 모습에 화가 나 찾아가서 따졌다. 그러자 담임 목사는 그런 말을 한 적이 없다고 하며, 도리어 사람들에게 부목사에게 사탄이 들어갔다고 몰아세웠다. 교인들은 부목사인 자신의 말보다 담임 목사의 말을 신뢰했고, 결국 교회에서 쫓겨나고 말았다.

그날부터 목사님 마음에서 '앞에서는 사람들에게 하나님을 가르치는 사람이 어떻게 뒤에서 그런 행동을 할 수 있지? 어떻게 내 아내에게 그런 악행을 저지를 수 있지?' 하며 분노가 치밀어올랐다. 더하여 한순간에 자신이 교회에서 나쁜 사람까지 되어, 자다가도 벌떡 깰 정도로 화가 끓어올랐다. 그동안 교회에서 원수를 사랑하라고 가르치고 이 뺨을 맞으면 저 뺨도 대라고 가르쳤는데, 막상 자신이 그 위치에 들어가니 그렇게 할 수 없었다. 머리로는 담임 목사를 용서해야 한다고 생각하지만, 복수하고 싶고 죽이고 싶은 마음이 사라지지 않아 괴로웠다. 복수심을 없애 달라고 눈물로 기도했지만, 문득문득 자신이 겪은 고통스런 일이 떠올라 분노에 휩싸였다.

결국 '나는 더이상 하나님을 섬길 수 없는 사람이구나. 나는 참된 하나님의 종이 아니었구나. 살인은 하지 않았지만 미워하는 마음 때문에 지옥에 가겠구나. 하나님을 섬기며 살려고 했던 내 인생이 이렇게 비참하게 끝나는구나.'라는 결론에 이르러, 마지막으로 산에 올라와 금식하며 기도하고 있었다고 했다. 하지만 마음속에서 미움은 사라지지 않았다고 했다.

그렇게 기도하던 마지막 날 우리를 만난 것이다. 목사님은 나를 변화시키신 하나님의 사랑을 듣고, 그동안 자신도 할 수 없는 일을 교인들에게 가르치며 살아온 거짓 목사였음을 하나님이 알게 하셨다고 했다. 그리고 미움을 잊고 지워야 하는 것이 아니라 그런 자신을 위해서 돌아가신 예수님, 그리고 자기 안에 살아 계신 예수님을 바라보게 되었다며 뛸 듯이 기뻐했다.

"선교사님, 하나님이 당신을 고나이브에 보내신 것은 나를 구원하시려는 하나님의 계획이었습니다! 당신은 하나님이 나에게 보내신 천사입니다!"

목사님은 절망 속에 있던 자신을 하나님이 사랑하신 것이 너무 감사해서, 나에게 큰절을 했던 것이다.

"만일 나에게 그런 일이 없었다면, 지금도 나는 교인들에게 더 노력해서 용서하고 사랑하라고 가르치고 있을 겁니다. 그런데 하나님이 나를 큰 죄의 고통에 빠지게 하셔서 아무것도 할 수 없는 나를 구원하셨습니다. 내가 담임 목사 때문에 교회에서 쫓겨난 것이 아니라, 하나님이 나를 사랑하셔서 나를 구원하시려고 그렇게 일하신 것이었습니다. 하나님의 참된 사랑을 받고 보니, 담임 목사에 대한 미움도 마음에서 사라졌습니다."

목사님도 한없이 기뻐했지만, 목사님의 변화를 지켜보면서 나도 정말 놀랐다. 말씀을 듣고 사람이 한순간에 달라지는 것을 처음 보았기 때문이다. 옆에 있던 까도와 에넬도 믿을 수 없는 일을 보고 있다고 느끼는 것 같았다. '복음이 한 사람의 인생을 이렇게 바꾸는구나. 오랫동안 그토록 고통하던 사람도 변화시키는구나. 너구나 이분은 목사님인데!' 우리는 목사님의 고백과 마음이 변한 이야기를 들으며 놀라웠다. 하나님이 그 목사님을 사랑하셔서 구원하시려고 우리를 고나이브에 보내신 것이 분명했다.

계속 이어진 놀라운 역사

목사님은 내 손을 잡고 자기 집에서 지내자고 했다. 복음을 전해야 할 곳이 너무 많다며, 나를 자기 집으로 인도했다. 그날 저녁, 목사님의 아내 또한 하나님의 사랑을 발견하고 정말 기뻐했다. 특히 늘 괴로워하던 남편의 얼굴에서 근심이 다 사라지고 전에 없던 평안이 찾아온 것을 보며 감격스러워했다. 하나님이 그 가정에 위로와 기쁨이 되셨다. 목사님은 우리에게 푸짐한 식사와 편안한 잠자리를 제공해 주셨다.

다음 날, 목사님은 우리를 라디오 방송국으로 데리고 가셨다. 자신이 매주 한 번씩 정기적으로 말씀을 전하는 '베데스다'라는 프로그램이 있는데, 오늘은 선교사님이 말씀을 전해야 한다고 하셨다. 그날 나는 한 시간 동안 복음을 전했다. 청취자들이 말씀을 듣고 구원받아 기쁘다는 전화가 빗발쳤고, 방송국에서 근무하는 사람들도 구원을 받았다. 나는 현지어를 구사하는 것이 어설펐지만, 복음이 사람들을 변화시키는 것이 너무 신기했다.

목사님은 주변 사람들이 구원받자 신이 나서 우리를 자신의 가족들과 아는 사람들의 집에 초청해 복음을 전하게 해주셨다. 그렇게 우리는 한 주간 원 없이 복음을 전했고, 많은 사람이 구원을 받았다. 하루는 나 혼자 집들을 다 방문할 수 없어서 팀을 나누어 까도와 에넬도 복음을 전했다. 그때 하나님이 도우시는 것을 경험하며 까도와 에넬은 완전히 다른 사람이 되었다. 아직 어리지만, 그들이 전하는 말씀에 힘이 있어서 사람들이 깜짝 놀랐고, 많은 사람이 구원을 받았다. 감격스러운 순간이었다. 무전 전도 여행을 시작할 때에는 어디로 가야 할지, 어떻게 해야 할지 아무도 몰랐지만, 하나님이 우리를 인도하셨음을 우리 모두 분명히 알 수 있었다.

꿈같은 일주일을 보내고 돌아가야 하는 날이 되었다. 목사님은 직접 차표를 끊어 주며 우리가 수도까지 안전하게 갈 수 있게 하셨다. 나는 돌아와서도 고나이브에 있는 목사님 가정을 위해 자주 기도했다. 누가 시키지 않았지만, 자식을 낳으면 마음이 가듯 나 같은 사람을 통해 누군가 새로워졌다는 사실이 내 마음에 말할 수 없는 기쁨을 가져다주었다. 10년이 지난 지금은 고나이브에 교회가 개척되어서 많은 사람들에게 복음이 전해지고 있다. 지금도 그날을 생각하면, 한없이 감격스러웠던 순간이 선명하게 떠오른다.

또 다른 열매

무전 전도 여행을 떠난 다른 조에 윌센 형제가 있었다. 그는 구원받고 복음을 전하고 싶은 마음이 일어나 전도 여행 팀에 지원했고, 복음을 전할 때 하나님이 모든 것을 도우시는 것을 경험하며 정말 기뻐했다. 그 후 신학교에 입학해 복음 전도자의 길을 걷기 시작했고, 나와 함께 아이티 곳곳을 다니며 복음 전하는 일을 했다. 월센은 늘 나에게 이렇게 말했다.

"선교사님, 그때 무전 전도 여행이 제 인생을 완전히 바꾸어 놓았어요."

그 후로도 우리는 해마다 빠지지 않고 무전 전도 여행을 떠났다. 매번 시작할 때에는 부담스럽고 막막했지만 항상 도우시는 하나님을 보았다. 참여하는 성도들이 점점 늘어났고, 어느덧 여섯 개의 교회가 개척되었다. 하나님이 도우시는 것을 경험한 성도들은 복음 전하는 것을 무엇보다 귀하고 기쁘게 여겼다. 특히 까도와 에넬이 변화되어 교회에서 간증했을 때, 그들의 부모님과 성도들이 박수를 치며 하나님께 영광을 돌렸다. 그들의 입에서 결코 나올 수 없는 말들을 했기 때문이다. 그렇게 일하신 분은 하나님이었다. 까도와 에넬은 전도 여행을 다녀온 후 교회에서 지내며 학생들과 청년들에게 복음 전하는 일을 도맡아 했고, 많은 학생들이 구원을 받았다.

소개하고 싶은 학생이 한 명 더 있다. 제시카라는 여학생으로, 어느 날 제시카가 나를 찾아왔다.

"선교사님, 드리고 싶은 이야기가 있어요."

제시카의 표정이 어두웠다.

"무슨 일이니?"

제시카가 주저주저하다 이야기를 꺼냈다. 언젠가부터 제시카의 아버지가 이유 없이 시름시름 앓기 시작했고, 여러 병원에 가보았지만 병명을 알 수 없었다. 약을 써도 차도가 없자 아버지는 주술사를 찾아갔다. 주술사는 한 이웃이 그를 저주한 것이 아픈 이유라고 했다. 아이티에는 아직도 미신을 믿는 사람들이 아주 많다. 당시만 해도 주술사가 다스리는 동네가 있을 정도였다.

주술사는 제시카의 아버지에게, '원한을 품은 이웃이 나에게 돈을 주고 당신을 저주하게 했다'고 하며 곧 죽을 것이라고 경고했다. 제시카의 아버지는 두려움에 떨며 어떻게 해야 나을 수 있는지 물었고, 주술사는 '한 가지 방법이 있는데, 당신 가족이 모두 닭 피와 기름을 온몸에 칠해야 한다'고 했다. 한 사람이라도 칠하지 않으면 효력이 없다는 말도 덧붙였다.

집으로 돌아온 제시카의 아버지는 가족을 다 불러모았다.

"내가 오늘 주술사에게 다녀왔는데, 이웃이 나를 저주했다고 하더구나. 그것이 내가 아픈 이유였어. 병원에 아무리 가도 원인이 나오지 않더니 오늘에야 알았다."

가족들이 깜짝 놀랐다.

"하지만 나을 수 있는 길이 있다. 우리 가족이 모두 온몸에 닭 피와 기름을 칠하면 낫는다고 한다."

가족들이 모두 아버지를 살리기 위해 그렇게 하겠다고 했다. 제시카만 제외하고. 제시카가 아버지에게 말했다.

"아버지, 저는 예수님을 만나 구원을 받았어요. 저는 주술사에게 그런 능력이 있다고 생각하지 않아요. 예수님이 나를 위해 돌아가셨기에, 저는 닭 피를 몸에 바를 수 없어요."

생각지 못한 막내의 말에 아버지는 불같이 화를 냈다.

"그럼 너는 아버지보고 죽으라는 소리냐? 네가 그러고도 내 딸이야?"

제시카는 그런 말이 아니라고 했지만 아버지는 화를 멈추지 않았다.

"너, 그럴 거면 당장 집에서 나가라. 네가 무슨 딸이냐? 아버지를 위해 그것 하나 못 한단 말이야?"

제시카는 집에서 쫓겨나고 말았다. 그 일을 이야기하며 제시카는 눈물을 떨구었다.

"선교사님, 제가 구원받고 나니 주술사의 말을 들을 수 없어요. 그런데 그렇게 하면 아버지가 저를 받아주시지 않는데요, 어떻게 해야 할지 모르겠어요."

나는 한참을 고민했다. 제시카는 아직 어려서 부모의 그늘이 필요하기 때문에 집에서 나와 살 수는 없었다. 그렇다고 집에서 아버지와 문제를 해결하는 것도 어려웠다.

"나랑 같이 집에 가보자. 내가 아버지와 직접 이야기해 볼게."

나는 아내와 함께 제시카의 집으로 갔다. 제시카 아버지는 냉담했다. 우리가 집에 들어가자 고개를 우리 쪽으로 돌려 쳐다보지도 않았다. 나 때문에 제시카가 그런 결정을 했다고 생각하는 것 같았다.

"어르신, 안녕하세요? 저는 제시카가 다니고 있는 교회의 선교사입니다."

여전히 냉랭한 반응에, 제시카의 엄마는 옆에서 어쩔 줄을 몰랐다.

"어르신, 저는 성경을 믿는 선교사입니다. 부끄럽게도 저는 오랫동안 성경을 믿지 않았습니다. 그런데 하나님이 성경 말씀대로 일하신다는 것을 경험하면서부터 말씀을 신뢰하게 되었습니다. 주술사가 가족들 몸에 닭 피와 기름을 칠하면 어르신이 산다고 했다는데, 그렇게 하기 전에 먼저 그 주술사가 정말 신뢰할 만한지 확인해봐야 하지 않겠습니까? 그 말이 신뢰할 만하다면 그때 가족이 다 같이 칠해도 괜찮지 않겠습니까? 그러면 제시카도 동의할 겁니다. 그런데 그 말이 사실이 아니라면 굳이 그렇게 해야 할 필요가 없지 않겠습니까?"

제시카의 아버지가 고개를 돌렸다.

"확인이요? 무슨 수로요?"

"그 주술사에게 먼저 저를 저주해보라고 하시면 어떻겠습니까? 똑같은 방법으로요. 그래서 제가 아프거나 문제가 생기면 주술사의 말에 능력이 있는 것이니 그때 온 가족이 그렇게 해도 안 늦지 않겠습니까? 괜히 비싼 돈 줘가면서 입증도 안 된 이야기를 듣는 것보다 그렇게 하는 게 오히려 낫지 않겠습니까?"

제시카 아버지의 눈이 휘둥그레졌다.

"선교사님을 저주하라고요? 괜찮겠어요? 선교사님, 큰일 날 수 있습니다. 그때 가서 후회해도 안 된다고요."

"저는 제가 받을 모든 저주를 예수님이 십자가에서 받으셨다고 믿습니다. 그래서 주술사가 아무리 저를 저주해도 능력이 없다고 믿습니다. 예수님이 참인지 그 주술사가 참인지 확인은 해봐야 하지 않겠습니까?"

제시카의 아버지는 주술사를 신뢰했기에 내가 그렇게 했다가는 큰일이 날 거라고 생각했다. 거듭 나에게 진짜로 그렇게 해도 되느냐고 물었다.

"진짜로 주술사에게 이야기합니다. 나중에 저 원망하면 안 돼요. 제시카 너도 마찬가지야!"

내가 괜찮다고 했다. 제시카 아버지는 내 머리카락, 손톱, 내가 입고 있던 티셔츠를 가져가고, 이름과 생년월일도 물었다. 내가 괜한 허세를 부린다고 생각했는지, 경고도 잊지 않았다.

"선교사님, 이제는 못 돌이킵니다. 진짜로 주술사에게 갑니다."

나는 아내와 함께 집으로 돌아왔고, 그날부터 제시카의 아버지는 매일 딸에게 물었다.

"선교사님이 아프지 않아? 혹시 이상한 조짐이 없어?"

물론 나는 멀쩡했다. 일주일이 지나고, 한 달이 지나고…. 6개월이 흐르는 동안 멀쩡했고, 그러는 동안 신기하게 제시카 아버지도 나았다.

"그놈 아무 능력도 없네! 내가 속았구먼!"

아버지는 더이상 제시카를 나무라지 않았고, 오히려 제시카 덕분에 주술사에게서 자유로워졌다고 고마워했다. 그리고 제시카에게 말했다.

"너희 선교사님 같은 분은 처음 본다. 우리는 가진 것도 없는데 우리 집까지 찾아와서 자기 생명을 걸고 이야기해 주시다니. 아이티 목사들은 누구도 그렇게 할 수 없었을 게다. 네가 참 좋은 선교사님을 만났구나."

이제 제시카는 교회에 자유롭게 올 수 있었다. 나중에 제시카는 교회에 살면서 학생들을 가르치는 일에 앞장섰고, 우리가 학생들과 전도팀을 만들어 전국을 돌아다니며 복음을 전할 때에도 제일 앞에서 우리를 도왔다.

나는 아이티에 가서 복음 전하는 삶의 참된 기쁨을 알았다. 그 무엇도 아이티 사람들의 상처를 치유할 수 없어 보였지만, 복음은 그들의 마음을 위로하고 말할 수 없는 소망을 일으켰다. 아직 어린 학생들이 교회 일을 도맡아 하고 복음 전하는 일에 앞장서면서, 많은 청년들과 학생들 그리고 부모들이 교회에 마음을 열고 복음을 접할 수 있었다.

나는 누구보다 형편없는 사람이었지만 하나님은 그런 나를 통해서도 일하셨다. 고나이브에서 만난 목사님의 얼굴이 환하게 펴지던 순간이 지금도 눈앞에 생생하다. 그리고 제시카 가족이 주술사가 주는 두려움에서 벗어나 밝은 일상을 되찾은 일을 생각하면 다시 마음이 기뻐진다.

아 이 티 안 녕

4장

감옥

감 옥

아이패드

아이티에서 선교를 시작한 뒤 잊을 수 없는 사건이 있었다. 당시 우리는 교회를 시작한 지 얼마 되지 않아, 일반 가정집을 빌려서 마당에 나무를 세우고 천막을 씌워 그곳에서 예배를 드렸다. 교회는 지진 피해를 입은 사람들이 모여서 사는 텐트촌 바로 옆에 위치해 있었다. 주민들이 대부분 텐트에서 사는 동네여서 우리 집 마당에 만든 텐트도 어색하지 않았다. 교회에는 학생들과 청년들이 많이 찾아왔다. 우리는 그들에게 복음을 전하고 교육도 했다.

어느 날, 교회에 나오는 한 청년이 주일 오전 예배에 아이패드를 가지고 참석했다. 당시만 해도 아이패드가 흔치 않았고, 특히 아이티에서 현지인이 아이패드를 가지고 있는 경우는 드물었다. 자연스럽게 그 청년이 가지고 온 아이패드에 사람들의 눈길이 쏠렸다.

"와, 이게 뭐예요?"

예배에 참석한 학생들과 청년들이 신기해하면서 아이패드에 관심을 가졌다. 그 청년은 자기에게 미국인 친구가 있는데 종종 영어 통역을 하며 친구를 도와주었더니 아이패드를 선물로 주었다고 했다. 모두가 그런 비싼 물건을 선물로 주는 친구가 있느냐며 부러움 섞인 얼굴로 그 청년을 바라보았다.

오전 예배를 마치고 오후에 잠깐 쉬고 있는데, 갑자기 외국인들과 경찰 세 사람이 예배당에 들어왔다. 그 외국인들은 우리와 일면식도 없었지만, 굳은 표정을 보니 무슨 일이 생겼다는 것을 직감할 수 있었다. 그들은 아무 말도 하지 않고 곧바로 우리 집안으로 들어와서 방안 여기저기를 열어 보며 무언가 찾기 시작했다. 아무리 경찰이라도 이무 고지도 없이 다짜고짜 방안으로 들어와서 물건을 찾는 것이 황당해서 따졌다.

"당신들이 경찰이라도 그렇지, 남의 가정집에 갑자기 와서 아무 이야기도 없이 방을 뒤지는 경우가 어디 있어요?"

경찰은 내 이야기가 전혀 들리지 않는다는 듯 아무 대꾸도 하지 않고 방안을 계속 뒤졌다.

"당신들이 무엇을 찾는지 모르겠지만 찾고 있는 게 나오지 않으면 우리도 가만히 있지 않을 거예요!"

나는 화가 나서 으름장을 놓았다.

그렇게 실랑이를 하고 있는데 한 형제가 조용히 나를 불렀다. 아이티는 1년 내내 한여름처럼 덥고 전기가 없는 곳이 많다 보니, 주일이 되면 새벽 예배를 본 예배로 드리는 교회가 많다. 알고 보니, 우리 교회에 아이패드를 가져왔던 청년이 그날 새벽에 다른 교회에 가서 예배를 드리다가 외국인이 가지고 있던 가방 속 아이패드를 훔쳐서 달아났던 것이다. 아이패드에는 '나의 아이패드 찾기'라는 GPS 기능이 있는데, 그 사실을 몰랐던 청년은 우리 교회에 와서 친구가 주었다고 자랑했던 것이다. 아이패드를 분실한 외국인이 자기 아이패드가 어디에 있는지 검색해 보니 우리 교회 주소가 나와, 경찰에 신고해서 그날 오후에 함께 예배당에 들이닥쳤던 것이다. 하지만 그 청년은 경찰들이 들어오는 것을 보고 바로 달아난 뒤였다.

나는 그제야 경찰이 우리 집에 찾아온 이유를 알았다. 그들은 자신들이 아이패드를 찾고 있다는 사실을 우리가 알면 숨길 것을 우려해 말하지 않고 아이패드를 찾았고, 영문도 모른 채 수색을 당하는 것에 화가 난 나는 그들과 실랑이를 벌였던 것이다. 전후 사정을 알게 된 나는 고민에 빠졌다. 아프리카의 몇몇 나라들처럼 아이티에서도 도둑질은 중범죄에 해당한다. 지방에서는 도둑질하다 잡힌 사람을 타이어에 넣고 불에 태우는 경우도 있을 정도로 무거운 죄로 여긴다. 그런데 아이패드를 훔친 청년은 이제 이십대 초반의 젊은이였다. 어쩌면 오랫동안 감옥에서 시간을 보내야 할지도 몰랐다. 한순간의 유혹을 이기지 못해 꽃다운 나이에 전과자가 되어서 평생을 살아갈 것을 생각하니 마음이 아팠다. 그렇다고 나는 모르는 일이라고 거짓말할 수도 없었다.

나는 고민에 빠졌다. 사실대로 이야기하자니 청년이 감옥에 가야 하고, 모르는 일이라고 잡아떼며 거짓말을 할 수도 없는 노릇이었다. 한참 고민하다 먼저 아이패드를 잃어버린 외국인과 이야기해 보아야겠다고 생각했다. 그 사람에게 먼저 내 소개를 했다.

"저는 이 교회의 선교사입니다. 조금 전에 한 형제로부터 당신들이 왜 우리 교회에 찾아왔는지 듣고 상황을 알았습니다."

그는 아무 말 없이 내 이야기를 들었다.

"어떠한 이유로든 우리 교회 성도가 그런 불미스러운 일을 저질렀다면 책임을 지고 도와드리겠습니다. 아이패드를 반드시 찾아드리겠습니다."

굳어 있던 그의 얼굴이 조금 펴졌다. 나는 말을 이었다.

"이유 여하를 불문하고 우리 교회 성도가 그런 일을 저질렀으니 제가 대신 사과를 드리겠습니다."

그의 얼굴이 조금 더 누그러지는 것 같았다. 그는 자신도 선교사인데 아이티에 며칠 머무는 동안 그런 일이 생겨서 마음이 좋지 않다면서, 내가 사과할 일이 아닌데도 그렇게 말해 주어서 고맙다고 했다. 내가 말을 이었다.

"다만 한 가지 부탁드리고 싶은 게 있습니다. 아이패드는 반드시 찾아서 돌려드리고 그 청년은 제가 잘 타일러서 가르쳐볼 테니,

아이패드를 찾는다면 그 청년이 감옥에 가지 않고 우리가 다시 한 번 교육할 수 있도록 용서해줄 수 있겠습니까?"

내가 조심스럽게 물었다.

"물론이죠. 저도 선교사입니다. 저는 아이패드를 찾는 게 목적이지 사람을 교도소에 보내는 게 목적이 아닙니다. 아이패드에 중요한 자료가 워낙 많아서 꼭 찾으려는 것이지, 그 청년이 잘못되길 바라는 마음은 없습니다."

대답을 들으니 마음이 조금 놓였다. 아이패드만 찾으면 일이 잘 정리될 것 같았다. 어렵게 사는 그 청년에게 아이패드는 얼마나 큰 유혹이었겠는가. 청년이 죄를 지은 것은 맞지만, 나는 그 일로 그가 하나님께로 돌이켜 새로운 삶을 살게 되기를 바랐다. 하지만 아무리 전화를 해도 청년은 전화를 받지 않았다. 겁을 단단히 먹고 이미 어딘가에 숨은 것이다. 연락할 길이 없었다. 몇몇 형제들이 집에 찾아가 보았지만, 청년은 경찰이 집까지 찾아올 것을 생각해 집에도 가지 않았다.

우리는 그 청년에게 문자를 보냈다. 외국인과 나눈 이야기를 전해주며, 아이패드만 돌려주면 걱정하는 일은 일어나지 않을 테니 아무 걱정 말고 아이패드만 교회로 가지고 오라고 했다. 청년이 아이패드를 가지고 오는 것 말고는 할 수 있는 일이 없었기에, 우리는 그저 기다릴 수밖에 없었다.

어느덧 해가 뉘엿뉘엿 질 무렵이 되었다. 애타게 청년을 기다리고 있는데 예배당 문이 조심스럽게 열리는 것이 보였다. 그리고 동네에 사는 꼬마 여자아이가 아이패드를 들고 안으로 들어왔다.

"선교사님, 제가 길에 있는데 어떤 아저씨가 이것을 주면서 저기 있는 교회에 가서 선교사님에게 전해주라고 했어요."

청년은 자신이 아이패드를 가지고 오면 혹시라도 경찰이 체포할 것을 염려해 그 아이를 통해 보낸 것이다. 서둘러 아이패드를 주인에게 전해 주니, 자신이 잃어버린 아이패드가 맞다며 빨리 찾을 수 있게 도와주어서 정말 고맙다고 했다. 만약 그 청년이 끝까지 오지 않았다면 상황이 악화될 수 있었지만 다행히 우리는 늦은 오후에 아이패드를 받을 수 있었다. 그렇게 모든 상황이 마쳐지는 것 같아 감사했다.

감옥

경찰들은 이 사건이 경찰서에 접수되었기 때문에 경찰서에 가서 마무리해야 한다며, 나와 외국인들이 경찰서로 가서 조서를 작성해야 한다고 했다. 나는 별 생각 없이 우리 교회 현지 전도사와 형제 한 명을 데리고 경찰서로 갔다. 조서를 쓰는 경찰관을 마주보고 테이블 앞에 앉았는데, 그는 상황을 이미 알고 있어서인지 우리에게 아무것도 묻지 않고 서류를 작성하기 시작했다. 그리고 얼마 뒤, 아이패드를 잃어버렸던 외국인들에게 돌아가면 된다고 했다. 그들이 자리에서 일어나기에 나도 가면 되나 싶어 몸을 일으켰다. 그러자 갑자기 두 명의 경찰관이 내 팔을 뒤로 해서 묶고 나를 포박했다.

"왜 이래요? 왜 나를 묶는 거예요?"

당황한 나는 그들에게 따졌고, 그들은 나에게 앞에 앉아 있던 경찰관이 쓴 조서를 보여 주었다. 거기에는 한국에서 온 이한솔 선교사가 외국인의 아이패드를 훔쳤다고 적혀 있었다. 너무 황당해서 내가 훔치지 않았다는 것을 당신들도 알고 있고 저 외국인들도 알고 있지 않느냐고 했더니, 그들의 대답이 가관이었다.

"당신이 훔쳤느냐 안 훔쳤느냐는 중요하지 않아요. 이 서류에 당신이 범인이라고 되어 있기 때문에 현 시간부로 당신은 범인이고, 그래서 체포합니다."

처음에 아이패드를 찾으려고 우리 집을 뒤지던 경찰들과 내가 실랑이를 벌였는데, 물건은 찾았지만 범인을 잡지 못하자 조서를 꾸며서 나를 범인으로 만든 것이다. 말도 안 되는 일이었지만 상식이 통하지 않았다.

"내가 훔치지 않았다는 걸 당신들도 알고 있잖아요."

아무리 이야기해도 그들은 내 말을 못 들은 체했다. 그 자리에서 내가 가지고 있던 핸드폰과 지갑과 여권 등을 빼앗겼다. 함께 갔던 두 사람도 체포되었다. 서류에 우리는 공범이었다. 아무리 이야기해도 듣지 않아 체념하고, 그곳에 얼마나 있어야 하느냐고 물었다. 그들은 재판을 하지 않았기에 자신들도 알 수 없다며, 짧게는 며칠 길게는 몇 달도 있어야 할 거라고 했다. 그렇게 내 생애 처음으로 감옥에 들어갔다.

감옥 안은 사우나에 들어간 것처럼 말도 못할 만큼 더웠고, 쓰레기 매립장처럼 지저분했으며, 안에 있는 화장실에서 풍기는 악취는 바깥에서도 맡을 수 있을 만큼 지독했고, 숨이 턱 막힐 정도로 갑갑했다. 외국인이 감옥에 들어온 것이 신기했는지, 안에 있던 재소자들이 내 멱살을 잡고 흔들며 겁을 주었다. 복도를 지나 한 방에 배정을 받았다. 방 한쪽 귀퉁이 벽에 기대고 앉자, 그제야 한동안 그곳에서 지내야 한다는 사실이 실감이 났다.

마음에서 원망이 올라왔다. '세상에 경찰이, 그것도 현장에 있었던 사람이 어떻게 서류를 그렇게 꾸밀 수 있지? 그 청년은 왜 아이패드를 훔치고, 그것을 왜 하필 교회에 가지고 와서 우리를 곤경에 빠뜨리지?' 도둑질한 청년과 조서를 거짓으로 꾸민 경찰들, 그것을 알면서도 묵과한 사람들이 원망스러웠다. 상식이 무시되고 외국인마저 쉽게 감옥에 집어넣는 행태를 보면서 '이런 나라에서 살 수 있겠나?'라는 생각이 들었다.

많은 생각들이 머릿속을 어지럽게 뛰어다녔다. 원망이 점점 불어나 하나님마저 원밍스러웠다.

'하나님, 우리가 선교하러 아이티에 왔는데 부족하긴 하지만 그래도 도와주셔야 되는 거 아니에요? 어떻게 아이티에 도착하고 몇 개월도 안 돼서 이런 일을 만나게 하세요? 차라리 처음부터 아이티에 오지 못하게 막으시지, 왜 여기까지 오게 해서 이렇게 어렵게 하세요? 경찰들도 대놓고 거짓말을 하고 사람을 속이는데 어떻게 이곳 사람들을 믿으며 그들을 사랑할 수 있겠습니까? 나는 이제 선교를 못 하겠습니다.'

정죄하는 마음도 올라오기 시작했다.

'내가 옛날에 사고를 많이 쳐서 그래. 인과응보란 말이 있듯이, 예전에 네가 지은 죄의 값을 이제 치르는 거야. 어떻게 네가 이곳에 선교사로 오긴 했지만 하나님이 네가 선교하는 것을 기뻐하시지 않아. 그러니까 이런 일이 생기는 것 아니겠어?'

누구도 이야기하지 않았지만, 과거에 내가 저질렀던 잘못들이 떠오르면서 그 대가를 치른다는 생각에 괴로웠다. 절망이 나를 집어삼키는 것 같았다. 그렇게 감옥이라는 문제 앞에서 아이티를 향해 내가 가졌던 좋은 마음들은 힘없이 사라졌다.

문득

고개를 숙인 채 땅이 꺼져라 한숨을 쉬었다. '하나님이 날 돕지 않으시는구나. 그러면 한국으로 돌아가자. 그래, 내가 무슨 선교사야?' 그런 생각을 한참 하다가 문득 옆을 보았다. 내 양 옆에 형제들이 앉아 있었는데, 그들도 나와 똑같이 한숨을 푹푹 쉬고 있었다.

"왜 그렇게 한숨을 쉬어요?"

내가 형제들에게 묻자, 한 형제가 자포자기한 얼굴로 대답했다.

"선교사님, 아이티에서는 감옥에 하루만 있어도 기록이 남아요. 그 기록이 꼬리표처럼 따라다니기 때문에 앞으로 무슨 일을 하든지 제약을 받아요."

나는 한국으로 돌아가면 그만이었지만, 같이 잡혀 들어온 형제들은 상황이 훨씬 심각했다. 경찰이 최소 며칠은 그곳에서 지내야 한다고 했으니, 억울하게 전과자가 될 처지에 놓인 것이다. 한 가정의 가장으로 돌봐야 할 가족이 있는데, 범죄 기록이 평생 꼬리표처럼 따라다닐 것을 생각하니 형제들 마음에 근심이 가득했다. '하나님, 도대체 이 형제들은 무슨 죄가 있습니까? 왜 이렇게 우리를 어렵게 하십니까?' 우리는 아무 말 없이 땅이 꺼져라 한숨을 계속 쉬었다.

그렇게 시간을 보내다가 문득 성경에도 우리와 같은 사람들이 있다는 사실이 떠올랐다. 이스라엘과 블레셋이 전쟁을 할 때 골리앗이 나타나 싸움을 걸었다. 성경에, 골리앗의 말을 듣고 이스라엘 모든 백성이 심히 두려워하여 그 앞에서 도망했다는 구절이 있다(삼상 17:24). 키가 여섯 규빗 한 뼘인 골리앗이 주는 위압감은 대단했을 것이다. 그가 아무리 강해도 홀로 수많은 군사들과 싸워 이길 수는 없지만, 골리앗이 주는 위압감이 모든 사람을 두렵게 하고 도망하게 만들었다. 한숨을 쉬고 있는 우리 세 사람의 모습이 골리앗을 보고 두려워 숨어 있는 이스라엘 백성 같다는 마음이 들었다.

신학교에서 귀가 닳도록 들은 이야기가 떠올랐다. **"하나님이 우리에게 주신 것은 두려워하는 마음이 아니요…"(딤후 1:7)** 사도행전을 보면, 모든 장이 어려움으로 시작하지만 끝날 때에는 그 어려움이 기쁨으로 변한다. 신학교에서 수업 시간에 들은 교수님들의 수많은 간증들도 마찬가지였다.

이스라엘 백성들이 골리앗을 두려워했을 때 하나님을 의지한 다윗은 골리앗 앞에서 담대했다. 결국 다윗이 골리앗을 죽였고, 전쟁에서 이스라엘이 승리했다. 다윗은 군인도 아닌 목동이었지만 하나님을 의지해서 발을 내디뎠고, 하나님이 다윗을 통해 이스라엘을 구원하셨다. 하나님은 강하고 힘센 사람을 통해서 일하시는 것이 아니라 당신을 믿고 발을 내딛는 사람을 통해 일하신다는 사실이 생각되었다. 그러자 우리가 두려워할 것이 아니라 담대하게 발을 내디디면 하나님이 도우시겠다는 마음이 들기 시작했다. 내내 울던 아이가 엄마 품에 안기면 언제 그랬냐는 듯 울음을 그치듯이 말씀이 떠오르자 내가 가질 수 없는 마음이 일어나기 시작했다.

이런 하나님이라면

'하나님이 왜 우리를 감옥에 오게 하셨을까? 사람이 살면서 감옥에 가는 일이 흔치 않은데, 하나님이 우리를 감옥에 보내셨다면 이곳에서 하나님이 하시고 싶은 일이 있겠구나.' 폭풍우가 지나간 자리에 맑은 하늘이 고개를 내밀 듯, 내 속에 하나님을 향한 마음이 생기자 새로운 마음이 일어났다. 내가 형제들에게 말했다.

"하나님이 우리를 왜 이곳에 보내셨을까요? 그것도 세 명이나요. 교도소에 하나님이 하실 일이 있는 것 같아요. 우리가 언제 또 이곳에 와 보겠습니까? 우리 여기서 복음을 전합시다."

나는 교도관을 불렀다.

"교도관님! 교도관님!"

"무슨 일이에요?"

"교도관님, 저는 한국에서 온 선교사입니다. 저는 아이티에서 복음을 전하고 있습니다. 혹시 감옥에 있는 재소자들에게 말씀을 전해도 됩니까?"

그는 아무 문제 없으니 마음껏 말씀을 전하라고 하며, 방에 있던 재소자들을 다 복도로 불러모아 주었다. 나는 모인 재소자들에게 선교사라고 소개하며 말을 이었다.

"여러분, 여러분 중에 혹시 죄가 있는 분, 죄 때문에 고통하는 분 계시면 손들어 보십시오."

놀랍게도 모든 사람이 손을 번쩍 들었다.

"선교사님, 우리가 죄를 지었으니까 여기서 죗값을 치르고 있지요."

그들은 당연한 걸 물어보느냐고 했다. 나는 두 시간 동안, 예수님이 이 땅에 오셔서 우리 모든 죄를 대신 지고 십자가에 못 박혀 돌아가신 복음을 전했다. 재소자들이 말씀을 정말 잘 들었다.

놀라운 일이 일어났다. 그날 그 자리에 있던 사람들이 다 복음을 받아들여 감격스러워했다. 그제야 나는 내가 감옥에 들어와야 했던 이유를 알 수 있었다. 내가 감옥에 간 것은 청년이 도둑질해서도 아니고, 경찰이 거짓 조서를 꾸며서도 아니었다. 그곳에 있는 사람들에게 복음을 전하기 위함이었다. 재소자들을 사랑하신 하나님이 그들에게 복음을 전하도록 청년을 통해서, 경찰을 통해서 나를 감옥에 밀어넣으셨던 것이다.

하나님의 뜻을 발견하자, 내 안에서 사람을 향한 원망이 눈 녹듯 사라졌다. 오히려 그들이 고마웠다. '도둑질한 청년도, 거짓 조서를 쓴 경찰도 복음을 전하기 원하시는 하나님의 도구였구나.' 그들이 아니었다면 감옥에 있는 사람들이 어떻게 복음을 들을 수 있었겠는가?

그날 밤, 우리는 재소자들과 함께 찬송을 부르고 간증을 나누며 꿈같은 시간을 보냈다. 두 형제도 감옥 안에서도 하나님이 일하시는 것을 보며 마음이 달라졌다.

"선교사님, 감옥에서도 하나님이 도우시네요. 이런 하나님이라면 감옥에서 몇 년을 살라고 해도 살 수 있겠습니다."

놀라운 일이었다. 복음은 우리 마음을 완전히 바꾸어 놓았다. 비록 그곳이 감옥이었지만 하나님이 인도하신 자리였다. 그렇게 일하시는 하나님과 함께라면 정말 어디라도 갈 수 있을 것 같았다. 어디에서도 살 수 있을 것 같았다.

밤이 되어 우리는 복도에서 잠을 자야 했다. 방에 있으면 무슨 짓을 할지 모른다는 이유로, 모든 재소자가 복도에서 한 줄로 자는 것이었다. 복도 한쪽 끝에는 화장실이 있고 반대쪽에는 출구가 있어서, 제일 늦게 들어온 사람들이 냄새 나는 화장실 쪽에 자야 했다. 그런데 그곳에서 가장 오래 있었던 한 노인이 나를 데리고 출구 쪽 제일 좋은 자리로 가서 담요를 깔아 주며 말했다.

"선교사님, 누추하지만 이 담요가 여기서 제일 좋은 담요입니다.

원래는 제가 여기서 자는데 선교사님이 제 자리에서 주무십시오."

모든 재소자들이 '우리에게 복음을 전해준 선교사님이 당연히 그 자리에서 주무셔야 한다'고 동의했다. 덕분에 우리는 가장 좋은 자리에서 선선한 바깥바람을 맞으며 잠을 청할 수 있었다. 내 좌우에는 형제들이 함께했다. 우리는 밤에 같이 기도하면서 하나님께 감사를 돌리며 꿀맛 같은 잠을 청했다.

또 다른 기적

그날 밤, 또 다른 기적이 일어났다.

아이티의 수도 델마Delmas 시의 윌슨Wilson 시장님은 2011년 한국에서 개최된 월드문화캠프에 참석하셔서 나와 안면이 있었다. 시장님은 우리가 아이티에 오자, 우리 집에 종종 들러 부족한 것은 없는지 돌아보시며 우리와 가깝게 지냈다.

시상님과 우리 부부 사이에는 특별한 추억이 있었다. 우리가 아이티에 도착한 지 한달 만에 아내가 유산을 했다. 주일 아침이었는데 방안에서 아내의 비명이 들렸다. 놀라서 방에 들어가 보니, 바닥에 피가 흥건했다. 유산이었다. 아이티에 도착하면서부터 하혈을 했던 아내는 줄곧 몸이 좋지 않았는데 결국 일이 터진 것이다. 나는 아내를 데리고 급히 병원으로 갔다. 의사는 이것저것 검사해 보더니 수술해야 한다고 했다. 태반이 아직 뱃속에 남아 있었다. 그런데 수술비로 천 달러를 요구했다. 선교비로 받은 돈을 다 헌금해 돈이 한푼도 없었기에, 천 달러는 상상할 수도 없는 돈이었다. 사정사정했지만 그에게 나는 돈 많은 외국인으로밖에 보이지 않았다.

다시 다른 병원을 찾아갔다. 그곳에서도 의사는 많은 돈을 요구했다. 지금은 돈이 없으니 수술부터 해달라고 간청했지만, 그들은 내 말을 믿지 않았다. 그렇게 아내를 데리고 3일 동안 병원만 찾아다녔다. 고물 트럭에 아내를 태우고 병원을 찾아다니며 사정하는 것이 쉽지 않았다. 3일째 되던 날, 아내가 울면서 버럭 소리를 질렀다.

"내가 안에서 검사를 어떻게 받는 줄은 알아? 검사 받는 것도 너무 힘들다고!"

아내는 엉엉 울었다. 가슴이 찢어지는 것 같았다. 하지만 길이 없었다. 사정사정해도 의사들은 냉랭했다. 그때 한 형제가 델마 시장님에게 연락을 했다.

"시장님, 한국에서 온 선교사님의 사모님이 유산했는데 돈이 없어서 3일째 수술을 못 하고 있어요."

시장님이 깜짝 놀라며 자신의 차를 보내 주셨다.

"선교사님, 제가 잘 아는 의사가 있어요. 그분에게 가면 수술을 해주실 거예요."

시장님의 차를 타고 우리는 병원으로 향했다. 그런데 병원이 좀 이상했다. 환자도 없고 간호사도 없었다. 나이 많은 의사 선생님이 우리를 방으로 인도했다. 수술 도구도 몇 가지 없었다. 하지만 그런 것들을 가릴 처지가 아니었다. 곧이어 간호사가 도착했고, 수술이 시작되었다. 아내가 고통을 견디는 소리를 복도에서 들으며 하나님을 얼마나 찾았는지 모른다.

그렇게 시간이 한참 흐르고 수술이 끝났다. 의사 선생님은 수술이 잘되었으니 아무 걱정 말고 몸조리 잘 하라며 우리를 돌려보냈다. 허름해 보였지만, 아내를 수술해준 분은 아이티에서 유명한 의사였다. 감사하게도 아내는 건강을 회복했고, 하나님은 그 후 우리에게 세 아이를 주셨다.

시장님은 그렇게 우리를 물심양면으로 도우셨다. 훗날 나는 시장님의 아내 분에게 복음을 전했는데, 사모님이 구원을 받으셨다. 지금은 돌아가셨지만, 사모님이 구원받고 우리와 얼마나 가까워졌는지 모른다.

우리가 감옥에 갇힌 뒤, 한 형제가 시장님에게 내가 감옥에 잡혀갔다고 전했다. 시장님은 교도소장에게 전화해서 화를 내셨다. "왜 죄 없는 사람을 억류합니까? 내가 그 선교사 잘 아는데 절대 그럴 사람이 아닙니다." 하며 풀어주라고 하셨다. 교도소장은 '조서에 그렇게 쓰여 있고, 조서를 꾸민 경찰은 이미 퇴근해 어떻게 할 방도가 없다'고 했다.

시장님은 이한솔 선교사가 머나먼 아이티에 선교하러 와서 억울하게 누명을 쓰고 감옥에 들어가 얼마나 불안에 떨고 있을지 몹시 걱정하셨다. 그래서 시청 직원들과 검사를 데리고 그날 밤 우리가 자고 있던 교도소를 직접 방문하셨다. 그리고 시장님의 주관 아래 교도소장과 검사가 서류를 다시 만들었다.

한참 자고 있는데, 새벽에 교도관이 나를 깨웠다.

"선교사님, 일어나세요. 나가실 시간입니다."

영문을 모르고 나와서 보니, 시장님이 기다리고 계셨다. 시장님은 간밤에 있었던 일을 이야기해 주셨다.

"제가 선교사님이 감옥에 잡혀갔다는 이야기를 듣고 너무 걱정이 되어 감옥에 도착하자마자 선교사님을 보러 갔어요. 오는 길에 '말도 제대로 안 통할 텐데 얼마나 무서울까? 한국으로 돌아간다고 하면 어떡하지?' 별별 생각을 하면서 왔어요. 나는 선교사님이 괴로워서 잠도 못 자고 있을 줄 알았어요. 그런데 세상에, 문 바로 앞 가장 좋은 자리에서 코를 드르릉드르릉 골면서 집에서 자는 것처럼 자고 있데요? 그렇게 잘 자고 있는 줄 알았으면 밤에 서둘러 안 오고 며칠 뒤에 올 걸 그랬어요."

농담을 하시는 시장님에게 나는 멋쩍게 대답했다.

"제가 그렇게 편하게 자고 있었습니까?"

하나님이 우리에게 편안한 밤을 주셨던 것이다.

감옥에 가서 만 하루가 지나기 전에 우리가 나왔기 때문에 형제들에게도 불이익이 생기지 않았다. 하나님이 그곳에 복음을 전하기 위해 우리를 보내셨다는 사실을 다시 한 번 확인할 수 있었다. 그리고 그 일은 아이티에 있는 여러 교도소에 복음을 전할 문을 열었다. '하나님이 교도소에 복음을 전하기 원하시는구나. 사람들이 손가락질하는 재소자들에게 당신의 사랑을 나타내길 원하시는구나!'

그때부터 나는 여러 교도소를 다니며 재소자들에게 복음을 전했다. 개중에는 억울하게 갇힌 사람들도 있고, 현직 목사님들도 있었다. 교도소에 수감되면 대부분 낙심하고 힘을 잃는데, 재소자들이 내 간증을 듣고 놀라워하며 힘을 얻었다. 똑같은 교도소지만 그들이 하나님의 마음을 발견해 마음에서 소망이 생기자 삶이 변하기 시작했다.

하나 아는 것

선교 첫해부터 사탄은 나를 넘어뜨리려고 많은 시련을 주었다. 나는 어려운 일을 만나면 선교를 포기하려는 마음을 가졌다. 그런데 하나님은 그런 일들을 통해 내가 가진 마음이 얼마나 형편없는지 알게 하셨다. 변하는 내 마음을 가지고 사는 것은 정말 어리석은 일이었다. 하나님은 내 마음이 아닌 하나님만을 바라보는 삶을 우리에게 가르치셨다. 그날 감옥에 들어가지 않았다면, 나는 재소자들을 향한 하나님의 마음을 알지 못했을 것이다. 그리고 내가 아이티 사람들을 향해 품었던 좋은 마음을 여전히 믿고 살았을 것이다.

어느 날 시장님이 나를 불러 물으셨다.

"선교사님, 내가 한국에 가서 보니 한국은 모든 게 최고였어요.

저는 매년 미국에 수차례 들어가는데, 한국 같은 곳은 처음 본 것 같아요. 그에 반해 아이티에는 전기도 없고 먼지도 많고 이곳 음식도 안 맞고 문화도 다를 텐데, 선교사님은 도대체 왜 여기서 사는 거예요? 아이티를 그렇게 사랑하세요?"

내가 대답했다.

"시장님, 저 아이티 사랑하는 마음 없어요. 사랑하는 줄 알았는데 어려움을 만나니까 다 사라지더라고요. 그건 참된 사랑이 아니었어요. 저도 잘 모르겠어요. 제가 왜 여기 있는지. 그런데 이것 하나는 알아요. 하나님이 저를 이곳에 보내셨다는 거요. 하나님이 아이티를 사랑하신다는 거요. 그래서 저는 여기에 있는 거예요."

하나님이 나를 아이티에 보내셨다. 다른 무슨 이유가 필요한가? 참 행복한 날이었다.

5장

풀 수 없을 것 같던 문제

풀 수 없을 것 같던 문제

가장 큰 숙제

먹는 것을 해결하는 일은 가장 큰 숙제 중 하나였다. 아이티의 주식은 쌀과 옥수수이다. 아이티에서는 한국처럼 세 끼를 먹는 것이 아니라 하루에 두 끼만 먹는 사람들이 많다. 아침은 대부분 빵 한 조각으로 간단히 해결하고, 이른 저녁에 밥이나 옥수수로 된 식사를 한다. 두 끼를 먹지만 그마저도 넉넉지 못해 배를 곯는 사람이 많다. 우리 집에는 사람들이 30명 가까이 함께 살았다. 사람들이 많다 보니 매끼 식사를 준비하는 것도 어려울 때가 많았다. 다행히 현지인들이 자주 먹는, 콩밥에 소금만 쳐서 먹는 음식이 있어서, 어려울 때면 다 같이 콩밥만 먹고 생활하기도 했다. 전기가 없다

보니 음식을 저장할 수 없어서 밑반찬은 생각할 수도 없었지만, 콩밥은 그런 대로 배를 채워 주었다. 먹여야 할 식구가 많다 보니 고기는 구경도 못할 때가 많았다.

하루는 예배당 안에 작은 참새가 한 마리 날아 들어왔다. 참새가 더위를 먹었는지, 앞을 제대로 보지 못하고 예배당 기둥에 부딪혀 바닥에 떨어졌다. 웅성웅성 시끄러운 소리가 들려 예배당에 내려가 보니 학생들이 다투고 있었다.

"내가 잡았으니까 내 거야!"

"그래도 같이 먹어야지!"

"이 작은 걸 어떻게 나눠 먹냐? 내가 먹을 거야!"

참새 한 마리가 작은 소동을 일으켰다. 우리도 배가 고프던 시절이라 해줄 수 있는 게 없어 속이 상했지만, 중재를 해야 했다. 나는 참새를 두고 소리치고 있는 아이들 사이를 비집고 들어갔다.

"이야, 하나님이 우리가 배고픈 걸 아시고 고기를 주셨네."

내가 끼어들자 학생들이 조용해졌다. 나는 참새를 보며 말을 이었다.

"이거 너무 작아서 구워서 먹어봐야 맛만 느낄 수 있지 기별도 안 가겠는데? 그러지 말고 국을 한솥 끓여서 고기 국물을 우려내면 우리가 다 같이 배부르게 고기 맛을 느낄 수 있지 않을까?"

손바닥만 한 참새를 먹어봐야 얼마나 배가 부르겠는가?

"선교사님! 그러면 우리가 다 같이 배부르게 고기 맛을 볼 수 있겠네요! 하나님이 우리가 고기를 못 먹고 있는 걸 아시고 참새를 주셨나 봐요!"

아이들은 생각지도 못한 방법이라며 좋아했다.

이내 부엌에서는 물을 가득 담은 솥단지를 숯에 올려 물을 끓이기 시작했다. 참새는 털을 벗기니 훨씬 작아졌다. 교회에서 주방을 담당하고 있는 자매는 솥에 각종 채소를 집어넣었다. 그리고 아이들이 참새 때문에 다투지 않도록 부엌 담장 위에 참새를 올려두고 콧노래를 부르며 국의 간을 보기 시작했다. 아이들은 오랜만에 맛볼 고깃국에 기대를 잔뜩 했다.

그런데 별안간 부엌에서 비명소리가 들렸다.

"악!!"

깜짝 놀라 부엌으로 달려가니, 자매가 망연자실한 얼굴로 담장을 가리켰다. 그곳에는 배고픈 고양이가 참새를 물고 저만치 달아나고 있었다. 허탈했지만 어쩌겠는가. 당시 우리는 그렇게 허리띠를 졸라매며 살고 있었다.

이해할 수 없는 숫자

더 난처할 때는 일요일이었다. 우리는 주일 예배를 마치면 성도들과 함께 밥을 먹었다. 몇몇 형제 자매들이 식사 준비를 거들기 위해 적지만 물질을 보태기도 하고 집에서 기른 채소 등을 가져오기도 했지만, 온 성도가 먹기에는 양이 모자랐다. 그러다 보니 먹는 것이 부실할 수밖에 없었다. 더 난처한 것은, 예배에 참석하는 사람은 50명인데 밥 먹을 때가 되면 100명 가까운 사람이 식사를 하고 있었다. 이해할 수 없는 숫자였다. 안 그래도 부실한 식사를 많은 사람들과 함께 먹으려니 자연히 양이 적어질 수밖에 없었다.

밥 먹는 사람이 많아지는 이유를 알아보니, 아이티에는 주일에 밥을 주는 교회가 거의 없었다. 배고픈 사람이 지천이어서, 사람들이 우리 교회 앞을 지나가다가 성도들이 줄을 서서 밥을 먹는 모습을 보고는 들어와서 함께 먹은 것이다. 못 먹게 하는 사람이 아무도 없으니 당연히 먹어도 된다고 생각해서 밥을 먹으러 오는 사람들이 점점 늘어나, 어느덧 성도의 배나 되는 사람들이 밥을 먹었던 것이다. 우리도 먹을 것이 모자란데 예배에는 참석하지 않고 밥만 먹으러 오는 사람이 점점 늘어났다. 오지 말라고 할 수도 없고, 와서 먹으라고 하자니 음식이 모자라고…. 나는 그들의 방문이 점점 부담스러워지기 시작했다.

나는 신학교에서 '배가 고프면 복음을 전하고, 어려우면 복음을 전하라'고 귀가 닳도록 듣고 배웠다. 하지만 막상 창고에 쌀이 떨어지니 걱정이 앞섰다. 현실을 무시할 수 없었다. 당시 우리는 교회를 막 시작한 단계여서, 교회에 나오는 사람들은 제법 되었지만 성도들이 교회를 돌아보는 것은 잘 몰랐다. 그리고 대부분 가난한 사람들이 교회의 주축이어서 오히려 우리가 그들을 도와야 하는 실정이었다. 하루하루 밥값이 너무 많이 지출되어 감당이 되지 않았다.

남은 돈은 얼마 없고, 창고는 금세라도 바닥을 보일 것 같았다.

이러다 모두 굶을 것 같은 불안감이 서려오기 시작했다. 부끄러운 생각도 들었다. '최소한 예배라도 참석하고 밥을 먹으면 나을 텐데, 밥시간에만 오는 건 너무한 거 아니야?' 아이티 사람들이 얄밉다는 생각이 들었다. 선교사가 그런 마음을 가져서는 안 된다는 것을 알고 있었지만, 현실의 벽이 너무 크게 느껴졌다. 내가 도저히 풀 수 없는 문제를 만난 것만 같았다. 매일 최대한 아끼고 아끼며 쪼개고 쪼개서 생활했지만, 창고가 점점 바닥나는 게 보였다. 뭔가 대책이 필요했다.

당신이 이 사람을 불렀나요?

형제들과 상의해 보니, 아이티에 쌀을 후원해 주는 민간 단체가 있다고 했다. 대표적으로 'Food for the poor(푸드 포 더 푸어, 가난한 이들을 위한 양식)' 단체가 가장 크다고 했다. 나는 곧바로 후원 요청서를 작성해 형제들과 함께 그 사무실을 찾아갔다. Food for the poor 사무실은 굉장히 컸다. 창고에는 아주 많은 쌀과 옥수수가 있고, 많은 사람들이 그것을 타가기 위해 줄을 서 있었다. 개중에는 외국인들도 몇몇 보였다. 엄청난 규모를 보니, 어쩌면 우리도 기회를 얻을 수 있을지 모른다는 희망이 보였다. 매달 쌀을 몇 가마라도 후원받을 수만 있다면 숨통이 트일 것 같았다. 멍하니 창고를 바라보고 있는데, 단체의 대표가 사무실로 우리를 불렀다.

"여기는 왜 왔나요?"

"저는 아이티에 선교하러 왔습니다. 우리 집에 아이티 사람들이 많이 살고 있고, 또 우리는 주일마다 많은 아이티 사람들에게 점심을 제공하고 있습니다. 지원이 필요해 요청드리러 왔습니다. 여기 요청서입니다."

대표는 내가 내민 서류를 읽어볼 가치도 없다는 듯 한쪽으로 밀어놓고 쌀쌀맞게 이야기했다.

"우리는 아이티 사람들을 후원하는 단체예요. 당신은 외국인이면 지원도 많이 받을 것 아닙니까? 저기 어느 교회는 외국인 선교사가 일하는데, 그곳에서는 매달 성도들에게 쌀을 한 가마니씩 준다고 하던데요. 당신이 우리 회사를 지원해 줘야지, 왜 아이티 사람들 후원할 쌀을 달라고 해요? 우리는 줄 게 없습니다."

실제로 나는 여러 교회에 초대받아 말씀을 전하러 가서 그런 광경을 본 적이 있었다. 수백 명이 모이는 교회였는데, 예배가 끝난 뒤 사람들이 교회에서 나눠주는 쌀을 머리에 이고 집으로 돌아갔다. 서로 더 받으려고 소리치고 싸우는 소리도 들렸지만, 수백 명에게 쌀을 지원하는 것을 보면서 혀를 내둘렀다. 문제는, 그 교회 교인들이 대부분 선교사를 돈으로 생각한다는 것이었다. 그들은 말씀을 듣기보다 쌀을 받기 위해 교회에 왔다. 실제로 선교사의 지원이 끊기자 대부분의 교인들이 교회를 떠났다.

우리 교회 성도들은 그렇지 않았다. 지원해 주는 것이 없지만 순수하게 말씀을 들으러 오는 사람들이 대부분이었다. 주일에 함께 밥을 먹는 것은, 예배를 마치면 점심시간인데 집에 돌아가 식사를 준비할 시간이 없기 때문이었다. 나에게는 성도들에게 쌀을 나눠줄 만한 돈도 없었지만, 그렇게 선교하고 싶지도 않았다.

"그렇지만 외국인들도 보이던데요?"

내가 외국인이라서 거절한다고 생각해 다시 물었다. 그러자 대표는 그것도 몰랐느냐는 듯 쌀쌀하게 대답했다.

"우리는 천주교에서 만든 단체예요. 천주교인은 외국인이든 현지인이든 후원해 줘요. 당신은 천주교인이 아니잖아요? 당신이 아무리 많은 사람들에게 밥을 나눠준다 해도 우리는 당신을 후원할 이유가 없어요. 아이티는 천주교가 기반인 나라예요. 당신들이 밥을 나눠준다고 해서 우리에게 득이 될 건 하나도 없어요. 더이상 이야기해 봤자 시간 낭비일 것 같네요. 나가 주세요."

우리는 쫓겨나다시피 그곳을 나왔다.

집으로 돌아와 형제들과 다른 단체들도 알아보았지만 그곳만큼 대규모로 후원하는 곳은 없었다. 나는 대표를 다시 설득해 보려고 또 찾아갔다. 형제들과 대기실에 앉아 있는데, 마침 지나가던 대표가 나를 알아보았다. 그리고 이전보다 더 딱딱한 얼굴로 나에게 다가오더니, 직원들을 불렀다.

"당신이 이 사람을 불렀나요?"

"아니오."

"그럼 당신이 이 사람을 불렀나요?"

"아니오."

그는 직원들을 불러 내 앞에서 한 사람 한 사람에게 물었다. 물론 누구도 우리를 부른 사람은 없었다.

"아무도 부른 사람이 없는데 왜 다시 왔죠? 당장 나가 주세요."

대표의 목소리는 더욱 차가웠다. 나는 그렇게 면박을 받으며 형제들과 다시 쫓겨났다. '나 먹자고 그러는 것도 아니고 아이티 사람들 먹이려고 하는 건데 정말 너무하네. 그렇다고 사람을 이렇게 쫓아내나?' 속으로 분통이 터졌지만 방법이 없었다. 우리가 어렵든 말든 그들에게는 상관없는 일이니 말이다.

아이티 사람들 때문에

두 번이나 쫓겨나자 서러운 마음이 들었다. '언제까지 이렇게 버틸 수 있을까?' 막막했다. 문득 박옥수 목사님이 떠올랐다. 신학교에서 수업을 받을 때, 목사님은 항상 "어려움은 하나님의 축복입니다. 고난과 시련을 통해 하나님은 우리에게 믿음을 가르쳐 주십니다."라고 하셨다. 나는 현실적인 문제 앞에서 어떻게 해야 할지 목사님께 여쭙고 싶었다. 아무 길도 보이지 않아, 내가 도저히 풀 수 없는 문제였다. 목사님께 연락을 드려 부끄러운 내 마음을 고백했다.

"목사님, 저는 아이티에 선교사로 왔지만 주일에 밥만 먹으러 오는 사람들이 반갑지 않아요. 어떨 때는 그 사람들이 얄미워요. 목사님, 제가 선교사라고 할 수 있을까요? 선교사라면 아이티 사람들을 사랑하고 보듬어줄 수 있어야 하는데 저는 그렇지 못해 너무 부끄러운 마음이 듭니다. 그리고 이러다간 모두 굶게 될 것 같아 두렵습니다."

부끄러웠지만, 아이가 아버지에게 투정을 부리듯 목사님께 내 마음을 꺼내놓았다. 목사님이 입을 여셨다.

"내가 사역을 시작했을 때 도와주는 사람이 아무도 없고 찾아오는 사람도 없었어. 그때는 하루이틀 굶는 건 다반사였고, 일주일씩 굶기도 했어. 그러다 한 번씩 양식이 생길 때가 있었는데, 희한하게 그럴 때면 손님이 찾아오는 거야. 오랜만에 사람이 찾아와 복음을 전하다 보면, 한 시간 두 시간 계속되어 밥시간을 훌쩍 넘겼어. 그러면 오랜만에 먹는, 얼마 없는 양식을 손님과 나눠먹어야 했지."

내가 겪고 있는 어려움을 목사님은 오래 전에 이미 만나셨던 것이다. 목사님의 이야기가 공감이 되어 귀를 더 기울였다.

"그런데 이런 일이 몇 번 반복되면서 내가 한 가지 발견한 게 있었어. '희한하게도 손님들이 오는 날 양식이 생기는구나. 아, 이 양식이 나를 위한 것이 아니라 저분들 먹이라고 하나님이 주시는 것이구나.' 그 마음이 들자 손님들과 함께 음식을 먹는 게 전혀 아깝지 않았어. 오히려 배가 고프면 '오늘은 손님이 안 오시나?' 기다리게 되더라고. 하나님이 너희에게 양식을 주시는 것은 너희들 때문이 아니라 아이티 사람들 먹이라고 주시는 거야. 너희들은 안 굶어 보았잖아. 그분들은 얼마나 많이 굶었겠어? 교회에 와서 밥 먹으라고 해. 밥만 먹이지 말고 주님의 사랑을 먹여. 그분들에게 주는 걸 아끼지 마. 하나님이 그분들 때문에 반드시 너희를 먹이실 거야."

나는 깜짝 놀랐다. 한 번도 그런 생각을 해본 적이 없었다. 아이티 사람들 때문에 하나님이 나에게 모든 것을 주신 것이었다니…. 내가 힘을 낼 수 있고 물질이나 양식을 얻을 수 있었던 것은 모두 아이티 사람들 덕분이었다. 그날 나는 생각이 완전히 바뀌었다. '하나님이 아이티 사람들 때문에 우리에게 모든 것을 주셨다면 더 많은 사람들이 오면 더 풍성하게 주시겠구나.' 하나님은 먹구름이 가득한 내 마음에 한줄기 빛 같은 새로운 마음을 넣어 주셨다. 그 길로 교회에 광고를 했다.

"이제 누가 오든지 아끼지 말고 모든 사람에게 밥을 나눠줍시다. 아이티 사람들에게 밥이 아닌 하나님의 마음을 먹입시다! 그들을 사랑하고 돕길 원하시는 것이 하나님의 마음입니다!"

교회 부엌일을 도맡아 하는 자매가 깜짝 놀라 나를 말렸다.

"선교사님! 그렇게 하면 창고가 남아나질 않을 거예요. 우리는 당장 다음 주에 먹을 것도 없다고요! 지금은 더 아껴도 모자랄 판인데 누가 오든지 아끼지 말고 밥을 나눠주다니요? 그럼 우린 금방 거덜날 거예요!"

신기한 것은, 내 마음이 바뀌자 모든 것이 다르게 보였다. '하나님이 저분들 때문에 우리를 도우신다면, 오히려 더 많은 사람들이 찾아와서 밥을 먹는다면 하나님이 그분들 때문에라도 우리를 도우실 수밖에 없지 않겠는가?' 나는 도우실 하나님께 모든 것을 걸었다.

며칠 만에 창고는 결국 바닥이 났다. 더이상 먹을 것이 없었다. 문제를 해결할 수 있는 길도 없었다. 그때 다시 한 번 Food for the poor 회사에 찾아가 보고 싶은 마음이 일어났다. 이미 두 번이나 면박을 당하고 쫓겨났지만, 이상하게 그곳에 다시 찾아가고 싶은 마음이 일어났다. '까짓것, 거절 한 번 더 당하면 어때? 무시 한 번 더 당하면 어때?' 거절당할 생각을 가지니 못 찾아갈 이유도 없었다.

형제들과 오랜만에 Food for the poor를 찾아갔다. 그곳에 도착하긴 했지만 발걸음이 쉽게 옮겨지지 않았다. 하지만 말이라도 한 번 더 건네볼 요량으로 사무실 문을 조용히 열고 들어가 대기실 한쪽에 앉았다. 같이 간 형제들과 말없이 기다리고 있는데, 마침 대표 사무실의 문이 열렸다. 나도 모르게 긴장한 채 문 쪽을 바라보고 있는데 막 나오려고 하던 대표가 앉아 있던 나를 발견했다.

"아이고, 선교사님 오셨네요! 왜 거기서 기다리고 계세요? 제 사무실로 들어오세요!"

대표는 환한 미소로 격하게 나를 반기며 자신의 사무실로 인도했다. 어안이 벙벙했다. 얼마 전까지만 해도 그렇게 냉담했던 대표가 완전히 다른 사람이 되어 나를 따뜻하게 맞이했다. 우리가 사무실에 앉자, 대표는 직원을 불러서 차를 내오라고 했다. 그리고 직원이 차를 준비하러 가기도 전에 사무실 한쪽에 있던 책자를 펼쳤다.

"선교사님! 여기 책자에 있는 것들이 우리가 가지고 있는 물품

리스트입니다. 어떤 것이 얼마나 필요한지 말씀해 주시면 준비해서 지원해 드리겠습니다."

갑자기 너무나 달라진 태도에 내가 믿어지지 않았다. '아니, 어떻게 사람이 이렇게 달라질 수 있지?'

"대표님, 지난번에는 단칼에 거절하시더니 오늘은 왜 갑자기 모든 걸 다 주실 것처럼 말씀하십니까?"

그 이유가 너무나도 궁금했다. 그리고 대표의 이야기를 들으며, 하나님이 일하셨음을 강하게 느낄 수 있었다.

하나님이 준비하셨다

우리 교회는 메인 도로에서 한 블록 떨어진 두 번째 도로에 위치해 있었다. 메인 도로는 델마 시내에서 제법 넓은 도로여서 대부분의 차들이 그 도로를 이용한다. 한번은 시청에서 도로 공사를 한다며 메인 도로의 통행을 수개월간 제한했다. 그로 인해 그 도로를 이용하던 차들이 한 블록 안쪽에 있는 우리 교회 앞 도로를 이용했다. Food for the poor의 대표 또한 공사 기간 내내 우리 교회 앞 도로를 이용해 출근했다.

당시 우리 교회에는 20명의 현지인과 해외에서 봉사하러 온 10명의 외국인 학생까지 30명이 넘는 사람들이 지내고 있었다. 우리는 매일 새벽에 예배를 드리고 성경 읽는 시간을 가진 뒤, 아침을 먹기까지 청소를 했다. 거주하는 사람이 워낙 많다 보니 아이티 학생들은 교회를 청소하고, 외국에서 온 학생들은 교회 앞 도로를 청소했다. 봉사단 학생들은 아침마다 빗자루를 들고 도로로 나가서 간밤에 쓸려내려온 쓰레기와 떨어진 낙엽들을 치우고, 도로가를 깨끗하게 쓸었다.

하루는 Food for the poor의 대표가 출근 시간에 우리 교회 앞을 지나가다가 많은 외국인들이 도로를 청소하는 모습을 보고 놀랐다. '아니, 아이티 사람들도 도로 청소를 안 하는데 외국인들이 우리나라 도로를 청소하네!' 처음에는 신기하게 생각했다가, 몇 달 동안 매일 청소하는 모습을 보고는 '도대체 저기가 어떤 곳이지?' 하고 궁금해졌다. 그리고 어느 날 무심코 간판을 보다가 자신이 쫓아낸 선교사가 목회하는 교회라는 사실을 알았다. '저분들이 정말 아이티를 위해서 일하는데 내가 너무했구나.' 싶어 미안했다고 한다. '나도 하나님을 믿는 사람으로서, 진심으로 아이티를 위해 순수하게 일하는 사람들을 내가 너무 매몰차게 돌려보냈구나.' 차안에서 수많은 생각들이 교차했다고 한다.

"제가 후원하는 단체의 대표로 있다 보니 아이티에서 외국인들이 며칠씩, 길게는 몇 주씩 봉사하는 것은 보았지만, 수개월 동안 하루도 빠지지 않고 청소하는 모습은 처음 보았어요."

대표는 그날 아침 회사에 도착해서 하나님께 기도했다고 한다.

"하나님, 저는 오늘 정말 부끄럽습니다. 아이티를 위해 마음을 다 쏟아 일하는 선교사님을 제가 내쫓았습니다. 아이티에 그런 분들이 많아야 우리나라 사람들도 변할 텐데, 제가 보는 눈이 없었습니다. 게다가 제가 그 선교사님에게 면박을 주면서 쫓아낸 바람에 도와주고 싶지만 염치가 없어서 다시 부를 면목이 없었습니다. 만약 그 교회를 후원하는 것이 하나님의 뜻이라면 그 선교사님이 이곳에 다시 오게 해주십시오. 제가 두 번이나 창피를 주면서 쫓아냈기 때문에 다시 오기 쉽지 않을 텐데, 만약 다시 온다면 하나님이 보내신 것으로 알고 그때는 모든 것을 돕겠습니다."

그런데 기도하고 며칠 뒤에 내가 대기실에 앉아 있는 것을 보고는 뛸 듯이 기뻤던 것이다. '이야, 하나님이 저분을 이곳에 보내셨구나! 저분을 돕는 것이 하나님의 뜻이구나!' 대표는 나에게 너무 미안했다고 연신 사과하며 자신이 도울 수 있는 것은 무엇이든지 돕고 싶다고 했다. 나는 몰랐지만, 하나님이 이미 일하신 것을 선명하게 볼 수 있어서 마음이 뜨거웠다.

활짝 펼쳐진 책자에는 쌀, 콩, 옥수수, 각종 통조림, 심지어 사무용품까지 정말 많은 물품들이 나열되어 있었다.

"우리는 먹을 것이 필요합니다. 쌀이나 콩, 옥수수 등을 지원해 주시면 좋겠습니다. 가능하다면 매달 지원받고 싶습니다."

대표는 그 자리에서 서류를 만들어 사인을 했다. 그리고 우리가 필요한 것들을 보내 주었다. 감사하게도 지원은 그날 한 번뿐이 아니라, 매 두 달마다 지금까지 이어지고 있다. 충분한 양의 식료품을 보내 주어서 우리는 그날부터 먹는 걱정은 하지 않아도 되었다. 양이 많아 새로 개척한 지역 교회에까지 보낼 수 있어서 오히려 다른 교회를 후원까지 할 수 있게 되었다. 한번은 책상과 칠판

등을 지원해 주어, 수도 교회에서 아이티 학생들을 대상으로 하는 교육에 필요한 물품도 얻게 되었다. 정말 신기했다.

나는 창고가 바닥나 막막했던 그날을 떠올려 보았다. '만약 내가 창고를 개방하지 않았더라면 다시 Food for the poor에 찾아갈 일이 있었을까? 그곳에 가지 않았다면, 어쩌면 지금도 남은 식량을 계산해 아끼고 아끼면서 어렵게 지내고 있을지 모른다.' 하지만 절벽을 맞닥뜨린 것 같았던 그날, 하나님은 우리를 더 아름다운 길로 인도하셨다. 박 목사님이 전해 주신 하나님의 마음이 두려워하는 내 안에 소망을 불어넣었고, 하나님은 그 전부터 우리를 도우실 준비를 다 해두셨다.

내가 쌀과 콩이 가득 실린 차를 몰고 교회로 오자, 부엌일을 도맡아 하는 자매는 뛸 듯이 기뻐했다. 교회 식구들은 쌀을 나르며 하나님이 우리를 먹이시는 것을 선명하게 볼 수 있었다. 그날부터 더 많은 사람들과 함께 밥을 먹고, 그들에게 복음을 전할 수 있는 길이 열렸다. 막다른 골목에서 도우신 하나님의 손길은 교회 성도들에게도 큰 힘을 가져다주었다. '하나님이 우리 교회를 도우시는구나!' 그것보다 큰 소망과 힘은 없었다. 하나님이 우리를 도우시는데 우리가 주저해야 할 것이 없었다. 우리는 그날부터 차에 쌀을 싣고 지방을 돌아다니며 집회를 하고, 사람들이 먹을 밥을 준비했다. 그것은 단순히 쌀이 아니라 하나님의 마음이었다. 아이티 사람들을 돕길 원하시고 지키시는 하나님의 마음이 쌀을 통해 그들에게 전달된 것이다.

훗날, 나와 함께 Food for the poor에 찾아갔던 형제가 나에게 말했다.

"선교사님, Food for the poor에 찾아갔다가 두 번이나 면박을 당하고 쫓겨났는데 저라면 절대로 다시 못 갔을 겁니다. 도대체 어떻게 거기 가실 생각을 했습니까? 제가 그날 선교사님 옆에 앉아 있으면서 얼마나 조마조마했는지 아세요? 또 쫓겨나는 줄 알고요."

나는 절대로 그곳에 다시 찾아갈 수 있는 사람도 아니고, 또 어려움을 이겨낼 수 있는 사람도 아니다. 그런데 나 같은 사람이 아이티에 복음을 전할 수 있도록, 하나님이 내 마음을 만들어 가시고 내 길을 인도해 가시는 것을 느낄 때마다 나는 말할 수 없는 감격을 느꼈다. 하나님이 우리를 도우신다는 것, 이 얼마나 멋지고 아름다운 일인가!

6장

디모데, 그리고 콘서트

디모데, 그리고 콘서트

안녕 오까이

2017년, 우리 부부는 수도에서 차로 4~5시간 정도 떨어진 아이티 남서쪽의 도시 오까이에 교회를 개척했다. 오까이는 인구 80만 명이 사는 아이티에서 세 번째로 큰 도시지만, 대부분의 사람들이 농업에 종사하고 일주일에 하루 열리는 재래시장에서 장을 봐야 하는 시골이었다. '오까이'는 '집으로'라는 뜻이다. 지방이다 보니 수도보다 환경이 열악하고 교육 수준도 한참 미치지 못했지만, 종일 바쁘게 일하다가 일을 마치고 집으로 돌아가는 길에 따뜻한 식사를 준비하는 아내와 "아빠 왔다!" 하며 달려올 아이들을 떠올리면 힘이 나듯, 오까이 사람들은 마음이 여유롭고 순수했다. 나는 꼭 평화로운 한국의 시골 마을에 온 것 같았다.

그즈음 아이티 신문에 일일 최저 임금을 350구드로 인상한다는 기사가 실렸다. 당시 환율 기준으로 6천 원 정도였다. 하루 8시간 일한다고 생각했을 때, 시급 750원 정도를 받는 셈이었다. 하지만 최저 임금을 지키는 직장은 많지 않았다. 어느 집에서 가정부로 일하는 한 자매는 월요일부터 토요일까지 종일 일하고 월급으로 4만 원을 받았다. 그 돈으로 아이들까지 양육하기에는 턱없이 부족했지만, 그런 자리도 구하기 힘들어 경쟁이 아주 치열하기에 자신은 운이 좋다고 했다. 1달러 때문에 사람을 죽이기도 한다고 하니, 상황이 얼마나 열악한지는 더 설명하지 않아도 될 것 같다.

전도하러 가면, 양철 지붕이 다 벌어져서 비나 땡볕이 그대로 쏟아져 들어오는 집이 많았다. 우리가 찾아가면 사람들이 모든 일을 내려놓고 말씀을 들었고, 나는 시간 가는 줄 모르고 복음을 전했다. 어느새 시간이 한참 흐르고 셔츠는 땀으로 젖었다. 하지만 누군가 복음을 듣고 기뻐하는 모습을 볼 때면 세상을 다 가진 것처럼 행복했다. 전도를 마치고 집으로 돌아가려고 인사하면, 한사코 괜찮다는 우리 부부에게 식사를 준비해 주었고, 물이라도 사서 마시라며 손때가 잔뜩 묻은 25구드짜리 지폐를 손에 쥐어주기도 했다. 그럴 때면 목이 메어 밥이 넘어가지 않았고, 도무지 목을 축일 수가 없었다. 그들이 지고 있는 삶의 무게는 내가 짐작조차 하기 어려울 만큼 무거웠지만, 그들은 오히려 우리 가족이 더 오래 걸어갈 수 있도록 내 짐을 덜어주려고 했다.

오까이 교회의 한 성도 집에서 가정 예배를 드린 뒤

“여기까지 찾아와 복음을 전해 주셔서 감사합니다. 저는 오늘을 잊지 못할 겁니다.”

고맙다고 말해야 할 사람은 따로 있는데 인사는 늘 내가 받았다. 일당 6천 원으로 하루하루를 힘겹게 버티면서도 우리 손을 잡고 일으켜 주는 그들이 산처럼 느껴졌다. 고백하건대, 나는 아이티에서 주는 것보다 받는 것이 많았다.

상처로 가득한 아이티 아이들

한 어머니가 딸을 데리고 찾아왔다. 남편과 사별하고 하나뿐인 딸에게 마음을 쏟으며 사는데 아이가 많이 방황한다고 했다. 그분은 병원의 수간호사로, 병원이 집에서 멀어 일주일에 4일은 집에 없었다. 늘 집에 홀로 남겨져 있던 아이는 어느 날부터 간질을 하고 우울증을 앓기 시작했고, 두 번이나 칼로 손목을 그은 채 발견되었다. 축 늘어진 딸을 본 엄마의 마음은 속절없이 무너져내렸다. 아이를 위해 고단한 일을 견뎌내고 있었지만, 그날 이후 자신의 삶마저 무너져내릴 것 같아 두려웠다. 그렇게 지내다가 구원을 받았고, 딸이 교회에 가면 달라지겠다는 마음이 들었다.

"선교사님, 제 딸이 교회에서 살아도 될까요?"

간질은 수시로 돌봐야 하고 우울증은 이미 오래되었으니, 망설이지 않았다면 거짓말일 것이다. 나는 고개를 돌려 아이를 바라보았다. 사춘기인 녀석은 큰 잘못이라도 한 것마냥 한쪽에서 고개를 푹 숙인 채 말이 없었다. 문득 내 지난날이 떠올랐다. 그러고 보니, 나에게도 그런 시절이 있지 않았던가. 거칠고 거친 파도 같아서 모두 나를 피하고 등을 돌리던 순간이. 닥치는 대로 모든 것을 휩쓸었던 순간이. 나도 모르게 사매님에게 아무 걱정 말라고 이야기했다. 이 아이는 아주 좋은 아이로 자랄 테니 걱정 말고 보내시라고 했다.

아이의 표정이 밝아지는 것이 느껴졌다. 내가 선교사로 있기까지 얼마나 많은 사람들의 희생과 기다림이 있었던가. 나는 아이를 바라보며, 훗날 아이가 성장해서 머리가 희끗해진 어머니에게 자신을 낳아 주고 키워 주어서 정말 감사하다고 하며 어머니 품에 안기는 모습을 그려 보았다. 사랑하는 남자와 인사드리러 와서, "엄마가 없었다면 지금의 나도 없었을 거예요." 하며 어머니에게 남자 친구를 소개하는 모습을, 그런 딸을 꼭 안아 주며 "네가 아니었다면 엄마는 여기까지 오지 못했을 거야."라고 이야기하는 모녀의 따뜻한 만남을 그려 보았다. 고개를 떨구고 있는 아이에게서 그런 모습이 보였다. 그렇게 그 아이와 우리의 동행이 시작되었다.

우리와 같이 살면서도 말이 없던 녀석은 어느 날 간질로 쓰러졌다. 아내는 간호사인 아이 엄마와 통화하며 밤새 아이를 간호했고, 다행히 녀석은 다음 날 조금씩 기운을 차렸다. 엄마가 아닌 다른 사람의 간호를 받는 것이 익숙하지 않았던지, 녀석은 갑자기 서럽게 울기 시작했다. 그리고 처음으로 힘겹게, 누구에게도 털어놓지 못한 자신의 이야기를 꺼냈다.

엄마가 집에 없다 보니 혼자 있는 날이 많았는데, 어느 날 찾아온 친척에게 성폭행을 당했다고 했다. 수치스럽고 무서웠지만 아직 어렸던 아이는 누구에게도 그 이야기를 할 수 없었다. 무엇보다 자기만 바라보고 있는 엄마가 무너질 걸 생각하니, 힘겹게 그날의 일을 가슴에 묻기로 했다.

문제는 그날부터 시작되었다. 엄마가 없는 날은 몸서리치게 불안했고, 혼자 방문을 걸어 잠근 채 방안에서 숨죽여 우는 날이 많아졌다. 상처는 아물지 않았고 우울증이 찾아왔다. '그냥 나 하나만 사라지면 모든 괴로움이 끝날 거야'라고 생각한 아이는 칼로 손목을 그었다. 때마침 도착한 엄마가 아니었다면 목숨을 잃었을 테지만, 슬퍼하는 엄마를 보면서도 아이는 그 이야기를 할 수 없었다. 비교적 여유롭게 살았지만 자신이 세상에서 가장 불행하다는 생각은 끊어지지 않았다.

매일 자신을 보고 눈물을 흘리며 안타까워하는 엄마 얼굴을 보는 것도 괴로웠는데, 엄마가 구원받고 달라졌다. 아이는 그런 엄마의 변화가 궁금했다. 그리고 자신의 이야기를 힘겹게 꺼내놓은 그날, 복음을 마음에 받아들였다. 녀석은 금세 웃음을 되찾았다. 재잘재잘 말이 얼마나 많던지, 그동안 꼭꼭 감춰두었던 보물을 풀어놓기라도 한 듯 녀석의 변화는 우리에게 큰 기쁨을 가져다주었다. 몰라보게 달라진 딸을 만난 엄마는 내 아내의 손을 잡고 고맙다며 연신 눈물을 훔쳤다.

그날부터 우리 집에 문제가 있는 아이들이 앞다투어 찾아오기 시작했다. 어느새 집에는 20여 명의 아이들로 북적였다. 하나같이 상처를 가진 아이들이었지만, 나는 그 아이들이 10년 후나 20년 후에 자신처럼 상처 가득한 아이들을 위로하고 그들에게 희망을 줄 것 같았다. 사람들은 모두 나에게 "무엇 때문에 문제아들을 받아서 사서 고생을 하세요?"라고 물었지만, 나는 그 아이들이 문제아로 보이지 않았다.

아이티를 덮은 먹구름

이듬해부터 대통령 퇴진을 요구하는 데모가 일어나기 시작했다. 데모야 한 번씩 일어나는 일이기에 대수롭지 않게 생각했는데, 갱단들이 데모를 주도하면서 규모가 점점 커지고 폭력적인 조짐이 보이기 시작했다. 수도에서 오까이로 오려면 반드시 지나가야 하는 도로가 있는데, 갱단은 그 도로를 중심으로 주변 도시를 점거한 뒤 차들이 통행하지 못하게 막았다. 급기야 무리하게 지나가려는 차를 향해 총을 쏴 무고한 시민이 죽는 유혈 사태까지 발생했다.

데모가 점점 거세지면서 남서부에 있는 도시들이 다 고립되기 시작했다. 평화롭던 오까이의 시민들도 술렁이기 시작했다. 수도에서 물건들이 공급되지 않자 자재 값이 치솟기 시작했고, 유조차들도 오지 못해 기름 공급이 끊기면서 기름값이 폭등했다. 결국 도시에 전기 공급이 완전히 차단돼 시민들의 생활이 굉장히 어려워졌다. 불과 몇 시간만 가면 수도에서 기름을 구할 수 있지만, 도로가 봉쇄되자 남서쪽 도시들은 금세 마비되었다. 밥을 굶는 사람들도 부지기수로 늘어났다.

사람들은 아이티가 생긴 이래 그런 일은 처음 겪는다고 했다. 난생처음 경험하는 장기 봉쇄에 모두가 당혹스러움을 감추지 못했다. 도시가 봉쇄되었다는 소식은 어른들만 절망에 빠트린 것이 아니었다. 갱단은 학교를 찾아다니며 문을 닫으라고 위협했다. 대통령이 사퇴하기 전까지 학교 문을 열면 아이들을 납치하고 학교를 불태우겠다고 으름장을 놓아, 결국 오까이의 모든 학교가 문을 닫았다. 하루아침에 아이들은 학교에 가지 못하게 되었고, 거리에서 방황하는 아이들이 늘어났다. 학교에 가지 못하는 학생들을 중심으로 또 다른 시위가 시작되면서 나라는 점점 혼란 속으로 빠져들어갔다. 텔레비전과 라디오는 온종일 갱단의 도로 봉쇄와 학생들의 시위를 특집으로 다루었다.

지속된 봉쇄로 도시 전체가 거대한 감옥이 된 것 같았다. 도시 안에서는 비교적 자유로웠지만 도시 밖을 오갈 수 없었다. 치솟는 물가에 허리띠를 졸라매야 했고, 재정적으로나 심적으로 굉장히 힘든 나날을 보냈다. 처음에는 학교에 가지 않는다고 좋아하던 아이들도 점점 지치기 시작했다.

오까이에 살면서 사업을 하던 외국인들은 이미 수도로 빠져나갔다고 했다. 굶는 사람들이 많아지자 강도가 많아졌고, 회사나 가게 심지어 교회마저도 그들의 표적이 되었다. 강도들은 스피커나 의자 등 돈이 되는 것들을 닥치는 대로 가져갔고, 많은 교회들이 외부 사람이 들어오지 못하게 문을 단단히 잠갔다. 혼란스러운 상황이 계속되자, 사람들은 우리 가족이 안전한 수도나 인근 국가로 대피해야 한다고 이야기했다. 하지만 우리는 그럴 수 없었다.

계속 할 수 있을까

우리 부부를 부모처럼 따르는 20여 명의 아이들을 두고 우리만 갈 수 없었다. 그 아이들에게 우리가 마지막 피난처이자 울타리임을 나는 잘 알고 있었다. 정신이 쇠약해진 엄마 밑에서 여섯 살까지 다리를 묶인 채 감금당한 상태로 살았던 아이, 마약 중독자인 아버지 밑에서 매일 폭행에 시달렸던 아이, 모든 것을 의지했던 엄마의 갑작스런 죽음으로 집과 학교를 잃고 가족이 뿔뿔이 흩어져야 했던 아이…. 아이들은 내가 상상하기 힘든 상처를 가슴에 깊이 묻어 두고 있었고, 태어난 것을 원망하며 내일이 없는 것처럼 살아왔다.

"왜 문제투성이인 아이들을 받으려고 해요?"

"집에서도 감당 못 하는 아이들을 당신이 무슨 수로 감당하겠어요?"

"괜한 고생 하지 말고 모른 척하세요."

사람들이 다 외면하는 그 아이들에게서 나는 나의 과거를 보았다. 세상에 덩그러니 홀로 남겨진 것 같았던 쓸쓸함이, 이제 어디로 가야 할지 몰라 흘리던 눈물이, '에라, 모르겠다. 될 대로 되라!' 하고 비틀거리며 내달렸던 나의 지난 날들이 아이들에게서 보였다. 나마저도 아이들에게 등을 보일 순 없었다. 나는 찾아오는 아이들을 받았고, 주머니를 털어 학교에 보냈다.

아이들은 문제도 많이 일으켰다. 도둑질도 하고, 싸움도 하고, 화가 나면 물건을 부수기도 했다. 도시 봉쇄로 학교까지 못 가게 되자 아이들은 더 거칠어졌다. 감정을 조절하지 못해 하루가 멀다 하고 사고가 터졌다. 도시 봉쇄로 수많은 문제들이 한꺼번에 몰려오는 것 같았다. 어떻게 해서든 버텨야 했지만 버티기가 쉽지 않았다.

어느 날, 우리 아이들마저 아프기 시작했다. 첫째 딸 하늘이는 온몸에 원인을 알 수 없는 두드러기가 생겨 고열과 가려움에 몸부

림을 쳤고, 막내는 염증이 생겨 하염없이 울었다. 엎친 데 덮친 격으로 한 여학생은 약을 한 움큼 집어삼켜 정신을 잃었고, 남학생 하나는 아이들과 다퉈 물건을 부수며 난동을 부렸다. 며칠째 딸과 아들을 간호하느라 녹초가 된 아내는 약을 먹은 여학생까지 돌보느라 숨 돌릴 틈이 없었고, 나는 난동을 부리는 학생을 진정시키느라 밤새 씨름을 해야 했다. 불현듯 한꺼번에 찾아온 시련들은 감당하기 버거웠다.

난동을 부린 남학생은 누구보다 불우하게 자랐다. 엄마가 일찍 돌아가신 데에다 아버지는 마약 중독자로 가정을 돌보지 않았다. 주술사를 믿은 아버지는 갓난아이를 죽여야 부자가 될 수 있다는 주술사의 말을 듣고 마약에 취해 종일 아이를 찾으러 다녔다. 녀석은 광기에 휩싸인 아버지를 보며, 차라리 엄마 곁으로 가는 게 더 행복할 거라고 생각했다. 가슴속 깊은 곳에서 올라오는 원망은 사회를 향했고, 수많은 범죄를 저질렀다. 그때마다 사람들에게 버림을 받았다. 하지만 나는 그 아이가 밉지 않았다. 차라리 죽게 해달라며 머리를 벽에 찍고 나뒹구는 아이를 내버려둘 수 없었다. 괴로워하는 아이를 붙들고 우리는 밤새 간절히 기도했다.

여학생은 다행히 약을 게워 냈고, 의사는 두 시간마다 우유를 먹이라고 했다. 아내는 저녁내 아이 곁에서 간호했고, 아이는 다행히 정신을 되찾았다. 너무 화가 나는 일이 있어서 자기도 모르게 그랬다면서, 죄송하다며 서럽게 울었다. 아내는 말없이 아이를 안았고, 아이는 그 품안에서 나지막이 엄마를 불렀다. 길길이 날뛰던 남학생도 다행히 안정을 되찾았는데, 자신이 무슨 행동을 했는지 기억하지 못하는 듯했다. 자신이 그런 행동을 할 때마다 사람들에게 버림을 받았는데 왜 자기를 쫓아내지 않느냐며 울기 시작했다.

멀쩡해진 두 아이를 보며 아내와 나는 주저앉듯 퍼져버렸다. 몸에 힘을 얼마나 주었던지 온몸이 저렸고, 혹시 아이들이 잘못될까 싶어 긴장했던 탓인지 맥이 풀려 일어나기 힘들었다. '이 아이들을 내가 다 데리고 있을 수 있을까? 우리가 버텨낼 수 있을까?' 돌봐야 할 아이들이 늘어나면서 짙은 먹구름이 내 마음에 드리우는 것 같았다. '그러게 성실하고 좋은 아이들을 받지, 왜 문제 많은 아이들을 받아서 사서 고생이야?' 어디선가 이런 소리가 들리는 것 같았다. 복잡한 마음으로 창밖을 내다보는데, 밤이 그렇게 밝을 수 없었다.

지금 어두워도 괜찮아

아이티는 보통 저녁 일곱 시가 되면 어둠이 내려앉는다. 전기가 없기에 동네는 이내 어둠에 잠기고, 풀벌레와 귀뚜라미 소리만 고요히 들릴 뿐이다. 그런데 밤 열한 시가 훌쩍 넘은 시각에 마치 빛이라도 들어온 것처럼 동네가 환했다. 무슨 일인가 싶어 무심코 하늘을 올려다보니, 구름 하나 없는 맑은 하늘에 보름달이 환하게 나를 내려다보고 있었다. 짙게 깔려 있던 먹구름들은 온데간데없었다.

'내가 데리고 있는 아이들이 먹구름에 가려 지금은 어두운 모습일지라도, 언젠가 그것들이 걷히고 밝고 개는 순간 세상 그 어떤 것도 만들어낼 수 없는 환하고 아름다운 빛을 사람들에게 비추지 않을까?' 그 아이들 중에서 나보다 힘있게 일하는 선교사도 생기고, 그들이 다른 사람의 아픔을 안아줄 날이 올 것 같았다. 그 순간, 버거워하는 나를 달빛이 조용히 위로하고 있었다. 나는 속으로 이야기했다. '그래, 지금 어두워도 괜찮다. 사람들이 너희들에게 손가락질해도 괜찮다. 매일 빛을 내려고 애쓸 필요도 없다. 언젠가 짙은 구름이 걷히는 순간 찬란하게 빛나는 순간이 너희들에게 올 테니까.'

내 인생에서 도무지 걷히지 않을 것 같았던 먹구름이 걷힌 날이 있었다. 한 치 앞도 보기 힘든 막막함 속에 있었을 때 하나님은 언제나 그 자리에 계셨고, 내 인생을 이끌고 계시는 하나님을 발견한 순간 나는 완전히 달라졌다. 나 같은 사람을 변화시킨 하나님을 생각하니 마음에서 근심이 모두 물러가고 아이들이 너무 사랑스러웠다. 아이들은 문제를 일으킨 자신들을 포기하지 않는 나를 가족보다 더 믿고 따랐다. 우리는 그런 아이들을 두고 떠날 수 없었다.

무서웠던 저녁

어느 날 저녁이었다. 갑자기 집 바로 앞에서 총소리가 크게 울렸다. 우리에게 총소리는 낯설지 않았다. 갱단의 데모가 본격적으로 시작된 때부터 매일 총소리를 들었기 때문이다. 그런데 그날은 달랐다. 아주 가까운 곳에서 총소리가 울렸다. 다들 긴장하고 있는데, 디모데가 피범벅이 되어 교회로 뛰어들어왔다.

디모데는 우리 집에 살고 있는 대학생으로, 새벽마다 빵집에 빵을 배달하는 아르바이트를 했다. 복음을 받아들인 뒤 신앙을 배우고 싶다며 교회에 들어와 어린 동생 둘과 함께 지냈는데, 동생들 학비도 마련하고 자신도 공부하기 위해 매일 이른 새벽에 빵을 배달했다. 새벽에 빵을 배달하기 위해서는 전날 저녁에 공장에서 빵을 가져와야 했다.

그날도 빵을 가지고 돌아오는 길에 교회 바로 앞에서 강도를 만났다. 강도들은 빵과 오토바이를 내놓으라고 했다. 자신에게 전 재산이나 다름없는 오토바이를 빼앗기기 싫었던 디모데는 강도들과 실랑이를 벌였고, 강도들이 쏜 총에 맞고 말았다. 다행히 교회 앞이어서 바로 뛰어들어오긴 했지만, 바닥에 물을 쏟은 것처럼 피가 흥건했다. 침착하려고 했지만 눈앞에서 피를 보니 손발이 덜덜 떨리고 가슴이 진정되지 않았다. 아이들도 디모데를 보고 비명을 질렀다.

무엇보다 디모데가 크게 다쳐서 걱정이었다. 며칠 전에 간호사인 자매가 찾아와 눈물을 쏟았던 일이 떠올랐다. 병원에서 수술을 하려면 의료장비들을 사용해야 하는데, 전기와 기름이 없다 보니 얼마든지 살릴 수 있는 많은 환자들이 치료를 받지 못해 병원에서 죽어가고 있다고 했다. 자신은 간호사지만 아무것도 할 수 없어서 그런 사람들을 볼 때마다 가슴이 찢어지는 것 같아 너무 속이 상한다며 펑펑 울었다. 총에 맞은 디모데를 보자 불현듯 그 이야기가 떠오르며, '총상이 심각한데 디모데가 치료를 제대로 받지 못해서 생명이 위험해지거나 불구가 되면 어떡하지?'라는 불안감이 엄습했다.

서둘러 디모데를 병원으로 보냈다. 아이들은 겁에 질렸다. 교회 앞에서 총에 맞았다는 것은 우리 동네도 안전하지 못하다는 말이었다. 나는 교회 문을 모두 걸어 잠그고 박옥수 목사님께 전화를 걸었다.

기도하면서 견뎌 보자

목사님은 아이티 상황이 어떤지, 내가 있는 도시의 상황은 어떤지 자세히 물으셨다. 나는 수개월째 전기가 공급되지 않고 식자재 값이 치솟아 치안이 아주 나빠졌다고 자세히 말씀드렸다. 목사님은 수화기 너머에서 곧바로 기도해 주셨다.

"사람이 감당할 시험밖에는 너희에게 당한 것이 없나니 오직 하나님은 미쁘사 너희가 감당치 못할 시험 당함을 허락지 아니하시고 시험 당할 즈음에 또한 피할 길을 내사 너희로 능히 감당하게 하시느니라."(고전 10:13)

지금은 상황이 힘들고 어렵지만 기도하면서 견뎌 보자고 하셨다. 그날 목사님이 하신 기도는 나에게 얼마 전에 보았던 달빛과 같았다. '하나님은 이 일을 알고 계셨을 텐데, 우리가 감당하지 못

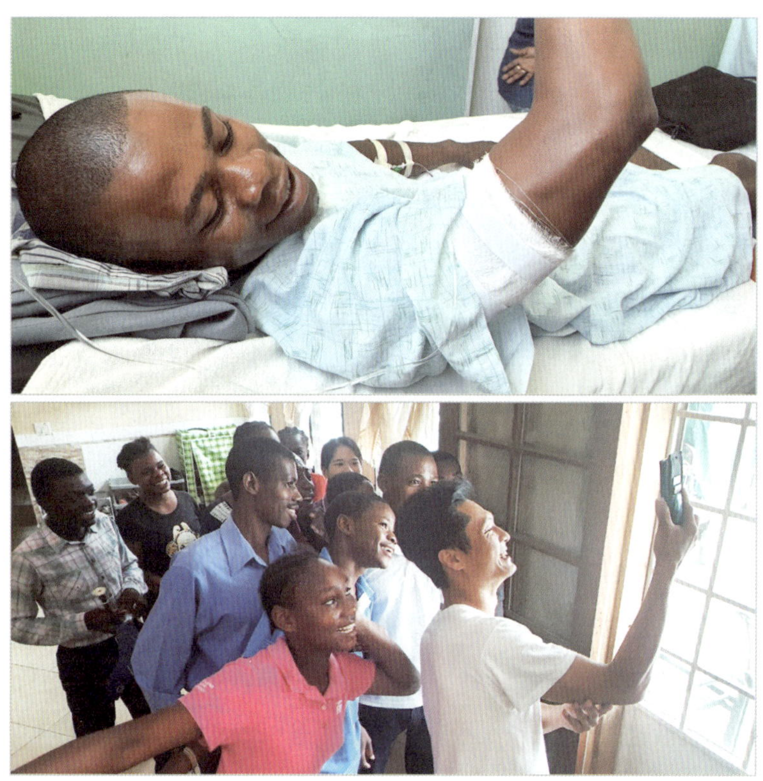

(위)총에 맞았지만 기적적으로 크게 다친 곳이 없었던 디모데
(아래)어려운 상황에서 박옥수 목사가 전화해, 박 목사와 영상 통화를 하는 교회 성도들

할 일을 안 주신다고 약속하셨는데, 그러면 하나님이 이 일을 감당하게 하시겠다.' 이 생각이 내 마음을 조금씩 비추기 시작했다.

아이들과 밤새 기도했다. 놀랍게도, 기도하기 전에 걱정하던 마음이 기도하면서 사라지는 것을 경험했다. 처음에는 모두 디모데가 별일 없게 해달라고 기도했지만, 어느새 우리는 디모데를 통해서 아이티 전역에 복음을 힘있게 전할 수 있게 해달라고 기도했다. 하나님이 우리 마음을 이끌어 가시는 것을 보았다.

다음 날 새벽, 병원에 갈 준비를 하고 있는데 교회 앞에서 오토바이 경적이 울렸다. 디모데였다. 모두 깜짝 놀라서 나가 보니, 디모데가 한쪽 팔에 붕대를 감은 채 웃고 서 있었다. 어떻게 된 일이냐고 묻자, 의사가 진찰하더니 운 좋게 총을 잘 맞았다고 하며 '총알이 뼈도 건들지 않고 신경도 건들지 않아 수술할 필요가 없고 소독만 하고 안정을 취하면 된다'고 했다는 것이다. 그래서 밤새 수액을 맞고 이튿날 새벽에 교회로 돌아온 것이다.

믿기 힘든 소식에, 디모데를 신실하게 지키시고 우리 기도를 들으신 하나님이 감사하고 또 감사했다. 우리는 그날 파티를 하는 것 같았다. 성도들도 디모데의 소식을 듣고 다 같이 기도했는데, 하나님이 디모데를 지키신 것을 보며 '우리도 지금 어렵지만 하나님이 감당할 수 있게 하시겠다' 하며, 마음이 소망으로 가득 찼다.

디모데는 불과 며칠 만에 완쾌되었고, 그 일 이후 교회 분위기가 완전히 달라졌다.

꿈을 심는 드림대안학교

어려움이 있지만, 하나님이 도우시고 지키시는데 두려워해야 할 이유가 없었다. 먹구름이 한동안 낄 수 있겠지만, 우리는 늘 그 자리에서 우리를 비추고 있을 달을 그렸다. 아이들은 활기를 되찾았

꿈을 잃고 사는 아이티 아이들에게 꿈을 심어주는 드림대안학교의 교사와 학생들

고, 이 기쁨을 우리만 갖고 있으면 하나님이 기뻐하시지 않겠다는 마음이 들었다. 어서 빨리 사람들에게 "당신들을 향한 하나님의 마음을 한번 보세요!"라고 외치고 싶은 마음이 올라오기 시작했다. 버텨야 한다는 마음으로 수개월을 지냈지만, 그날 이후 버텨야 하는 게 아니라 하나님이 주신 기쁨을 사람들에게 전해야겠다는 마

음이 들었다. 무엇부터 시작해 볼까, 가슴이 두근거렸다.

수개월 동안 학교에 가지 못하는 아이들을 보면 마음이 아팠다. 교회에 사는 아이들뿐 아니라, 학교에 가지 못하는 많은 아이들이 교회에 찾아오는 일이 잦아졌다. 아이들에게는 교회가 곧 학교였다. 리코더를 가르쳐 주면 밤새도록 리코더를 불고, 태권도를 가르쳐 주면 하루 종일 발차기만 하는 순수한 아이들을 보며, 학교를 시작해야겠다는 마음이 들었다.

관공서가 일하지 않으니 당장 인가를 받는 것은 기대하기 어려웠다. 교사는? 교실은? 책과 책상은? 식사는? 비용은? 못 한다고 할 이유는 많았지만 해야 할 이유는 분명했다. 아이들을 더이상 내버려둘 수 없었다. 학교가 문을 닫은 덕분에 우리는 드림대안학교를 설립했다. 성도들이 교사가 되어 아이들을 가르쳤고, 나는 아이들에게 매일 성경을 가르쳤다.

차들이 다니지 않는 도로를 한참 걸어서 땀을 뻘뻘 흘리며 대문으로 들어서는 아이들이 얼마나 사랑스럽고 소망스럽던지. 말씀을 전할 때마다, 스펀지가 물을 빨아들이듯 아이들이 말씀을 빨아들이는 것 같았다. 말씀이 아이들의 마음에 들어가자 아이들이 믿음의 이야기를 하기 시작했다. 그 아이들은 더이상 손가락질 받거나 외면당하는 아이들이 아니었다. 우리는 누구든지 배울 수 있게 교회 문을 활짝 열었다. 매일 수많은 아이들이 찾아왔고, 무엇보다 복음이 아이들에게 소망을 주고 길잡이가 되어 주었다.

도시는 여전히 어둡고 학교도 아직 아무 움직임이 없었지만,

우리 마음은 새로운 꿈으로 넘쳐났다. 훗날 아이티를 변화시킬 드림대안학교라니, 가슴이 터질 것 같았다.

희망 콘서트

우리는 더 많은 사람들에게 복음을 전하기 위해 아이들과 함께 '희망 콘서트'를 개최하기로 했다. 우리 아이들은 대부분 정규 교육을 받지 못해 음악을 제대로 배운 아이가 하나도 없었다. 그런데 때마침 한국에서 아이티로 1년간 해외 봉사를 온 오다혜 학생이 음악을 공부해, 아이들을 가르칠 수 있었다. 아이들은 음악을 좋아했고, 콘서트를 한다고 잔뜩 기대했다. 매일 열심히 준비했다. 하지만 아무리 피아노 소리를 들어도 피아노와 아이들의 목소리가 따로 놀았다. 가르치는 게 쉽지 않았다. 그럼에도 아이들은 밤새도록 노래를 흥얼거릴 정도로 열정적으로 연습했다.

어느 날 오후였다. 교회에 웬 남자가 불쑥 찾아왔다. 그는 "요즘 도시가 흉흉하다 보니 음악 소리를 듣기 힘든데, 지나가다가 건물 안에서 음악 소리가 들려 '이곳이 뭐 하는 곳인가?' 하고 들어왔습니다."라고 했다. 그는 그날 성경 이야기를 나누다 구원을 받았다. "내가 원래 이곳을 지나갈 계획이 아니었는데 하나님이 나를 구원하시려고 이곳으로 인도하셨네요!" 그는 자신을 '오까이 시립합창단'의 단장이라고 소개하며, "원래 음악에 관심이 많아 교회에 들어왔지만, 오늘 제 일생에서 가장 큰 선물을 받았습니다." 하며 뛸 듯이 기뻐했다. 그리고 우리가 희망 콘서트를 준비하고 있다고 하자 돕고 싶다며, 그날부터 매일 와서 아이들을 가르쳤다. 하나님이 길을 열어 가시는 것이 분명했다.

하루는 그가 어두운 표정으로 나를 찾아왔다. 아이들이 음악을 좋아하긴 하지만 기초가 워낙 부족해 이런 실력으로 콘서트를 개최하는 것은 무리라고 했다. 어떻게 하면 좋겠느냐고 묻자, 이번 콘서트는 자신이 이끌고 있는 합창단으로 개최하고 우리 아이들은 좀 더 연습해서 내년쯤에 콘서트를 하면 어떻겠느냐고 했다. 나는 "그래도 아이들이 한 달 넘게 저렇게 좋아하면서 연습하고 있는데 갑자기 못 한다고 하면 실망할 것 같으니, 합창단과 우리 아이들이 합동으로 콘서트를 하면 어떻겠습니까?"라고 물었다. 그는 그러면 되겠다면서, 합창단의 파트별 핵심 멤버와 악기를 다룰 수 있는 사람들을 교회로 데려왔다.

그날부터 합창단 멤버들이 선창하면 우리 아이들이 따라 부르는 식으로 연습을 진행했고, 그렇게 준비하자 노래 수준이 완전히 달라졌다. 한 달 정도 합창단 멤버들이 매일 와서 아이들과 연습하고, 연습을 마치면 내가 말씀을 전하고, 말씀 후에는 넉넉하진 않지만 같이 식사를 했다. 신기한 것은, 한 달을 그렇게 하다 보니 합창단 멤버들이 다 구원을 받았다. 하나님의 선하신 손길이 우리를 도우시는 것을 보니 눈물이 날 것 같았다.

오까이에는 공연장으로 쓸 만한 극장이나 홀이 없다. 아이티 사람들에게 공연을 관람하는 것은 사치일지도 모른다. 우리는 교회 앞에 있는 넓은 들판을 무대로 꾸미기로 했다. 소나 염소가 풀을 뜯고 낮에는 아이들이 축구도 하는 곳으로, 땅 주인에게 부탁해 형제들과 바닥을 정리했다. 이어 나무를 빌려서 무대를 만들고, 의자를 빌려 좌석을 만들었다. 색종이와 색지로 무대를 꾸미고 나자, 한 형제가 어디에서 방송장비까지 빌려왔다. 그렇게 해서 오까이 사람들이 한 번도 본 적이 없는, 세상에서 제일 멋진 야외 공연장이 완성되었다.

오랫동안 지속된 봉쇄로 많은 사람들이 제대로 된 식사를 할 수 없었다. 우리는 콘서트에 참석하는 사람들에게 따뜻한 식사를 대접하기 위해 돼지도 한 마리 잡았다. 태어나서 처음으로 잡아본 돼지였다. 재래시장에서 커다란 돼지를 한 마리 산 뒤, 교회 형제가 잡아 손질했다. 자매들은 오랜만에 하는 행사에 한달음에 달려와 일손을 거들었다. 어떤 자매는 집에서 키우는 채소들을 가져오기도 하고, 어떤 자매는 다니는 회사에서 지원받은 설탕을 가져오기도 했다. 멋진 무대와 300인 분의 식사까지 모든 준비가 마쳐졌다.

드디어 희망 콘서트가 열리는 날, 준비한 자리가 모자랄 만큼 많은 사람들이 참석했다. 청중들은 아이들의 변화된 이야기를 들으며 박수를 치고 같이 울고 웃으면서 기뻐했고, 합창이 시작되자 모두 노래에 젖어들어 감격스러워했다. 특히 내가 복음을 전할 때에는 사람들이 밤하늘의 별처럼 눈을 반짝이며 말씀을 달게 듣고 아멘으로 화답했다. 그날 저녁, 많은 분들이 복음을 받아들였다.

교회 앞에 있는 넓은 들판을 무대로 꾸며 가진 희망콘서트에 사람들이 자리를 가득 채웠다.

준비한 식사가 모자라서 우리 식구들과 성도들은 결국 한 조각도 먹지 못했지만 누구 하나 불평하지 않았다. 하나님이 그 많은 사람들을 불러모아 주시고 복음을 전하게 하신 것을 보며 감격스러워했다.

콘서트가 끝났지만 사람들은 한동안 자리를 뜨지 않았다. 마치 오랜만에 달빛을 발견하기라도 한 듯, 그 자리에 오래 남아 재잘재잘 이야기를 나누었다.

"최근에 사람들이 이렇게 많이 모이는 것을 본 적이 없는데, 여기 와서 말씀을 듣고 음악을 들으면서 하나님이 우리를 사랑하고 위로하시는 것을 깊이 느꼈어요."

많은 사람들이 아이티를 '중남미의 검은 땅'이라고 하지만, 우리에게 아이티는 소망의 땅이다. 우리는 꼭 사람들의 마음에 소망의 씨앗을 심는 것 같았다. 콘서트 중간에 소가 객석으로 난입해 사람들이 도망가는 해프닝도 있었지만, 그 어떤 것도 우리 마음에서 소망과 기쁨을 빼앗을 수 없었다.

그날 이후 하나님이 우리 교회를 통해 오까이에서 힘있게 일하셨다. 합창단 멤버들이 우리 교회에 나오기 시작했고, 불과 몇 개월 만에 교회 합창단 수준이 오까이 최고 수준으로 올라갔다. 벌써 비좁아진 예배당에서 하나님을 찬양하고 복음을 전하던 순간들이 잊혀지지 않는다. 도시가 봉쇄되고 형제가 총에 맞으면서 절망으로 시작했던 불안한 출발은 수많은 열매가 되어 돌아왔다.

합창단 단장인 형제는 우리가 한 콘서트에서 영감을 받아, 그 후 자신이 인도하는 합창단과 함께 콘서트를 여러 번 개최했다. 교회에서, 학교에서, 장소를 가리지 않고 콘서트를 열었고, 매번 나를 초대해 복음을 전하게 하였다.

"선교사님, 제가 왜 콘서트를 하는 줄 아세요? 선교사님이 더 많은 사람들에게 복음을 전할 수 있게 하려는 거예요. 복음이 우리의 진정한 희망이에요."

합창단과 함께 수많은 곳을 다니며 복음을 전했던 순간들이 아직도 선명하다.

수년의 시간이 흘렀지만, 그날의 달빛은 내 기억 속에 또렷하다. 수많은 먹구름이 예고 없이 찾아왔고, 때론 천둥 번개가 치는 것 같았지만, 하나님은 신실하게 우리를 지키셨다. 그리고 우리가 걸음을 내디딜 때마다 수많은 돕는 자를 붙이셨다. 먹구름은 다시 올 것이다. 그러나 우리는 여전히 주님을 바라볼 것이다.

오까이 교회 성도들과

7장

빗발치는 총알 속에서

빗발치는 총알 속에서

‘뚜흐디노’와의 첫 만남

아이티의 수도에서 차를 타고 북쪽으로 여섯 시간을 달리면, 흙으로 지어진 집들이 즐비한 작은 마을이 나온다. 집 벽에는 페인트칠 대신 소라나 조개 껍질들이 가득하고, 아이들은 맨발로 붉은 흙바닥에서 비닐봉지로 만든 공을 차며 뛰어놀며, 담이 있는 집이 거의 없을 만큼 평화로운 그곳은 ‘뚜흐디노’라는 시골 도시다.

갑자기 소나기가 내렸다. 나는 비를 피하기 위해 나무 밑으로 들어갔다. 빗줄기가 거세지고 곳곳에 빗물이 고여 금세 웅덩이가 생겼다. 아이들이 기다렸다는 듯 사방에서 발가벗은 채 웅덩이 주변으로 모여, 서로에게 물을 뿌리고 춤을 추며 신나게 뛰어놀았다.

아마 오랜만에 내리는 빗줄기가 반가웠으리라. 한참을 뛰어놀던 아이들이 비를 피해 나무 아래 있는 나를 발견했다. 한 아이가 나를 향해 뛰어오자 다른 아이들도 뒤따라 뛰어왔다. 순식간에 나는 아이들에게 둘러싸였다.

갑자기 한 아이가 양손을 활짝 펼쳤다. '외국인인 나에게 초콜릿을 달라고 하는구나' 생각하고, 주머니에 손을 넣어 아무것도 없다고, 미안하다고 표시하려고 몸을 일으켰다. 그런데 그 아이가 양손으로 내 머리를 가렸다. 이내 다른 아이들도 손을 벌려 내 머리를 가리기 시작했다.

"비를 맞으면 감기에 걸리니까 우리가 손으로 우산을 만들어 줄게요."

고사리 같은 손으로 아이들이 만들어준 우산 아래서 나는 한동안 움직일 수 없었다. 부끄러웠다. 순수한 아이들을 향해 나는 무슨 생각을 했던 걸까? '지금까지 아이들이 늘 그랬으니까 이번에도 그럴 거야.' 나는 아이들의 마음을 볼 줄 몰랐다. 눈이 사르르 녹고 나면 생명이 가득 담긴 푸른 땅이 보이듯, 내 마음속에 자리잡고 있던 오래된 편견이 녹으니 그제야 아이들의 순수한 마음이 보였다. 그것이 뚜흐디노와의 첫 만남이었다.

나는 그곳에서 한 주간 집회를 인도했다. 얼마 전에 구원받은 한 자매가 자신의 마을에서 집회를 해달라고 부탁해서였다. 자매는 공장에서 일하고, 한쪽 팔이 없으신 어머니가 자매의 어린 딸을 고향집에서 돌보고 계셨다. 남편은 아이만 덜렁 낳고 자매를 떠났

그 아이가 양손으로 내 머리를 가렸다. 이내 다른 아이들도
손을 벌려 내 머리를 가리기 시작했다.
"비 맞으면 감기 걸리니까 우리가 손으로 우산을 만들어 줄게요."

다. 혼자서 어린 딸을 어떻게 양육해야 할지 생각하면 앞이 캄캄할 때 자매는 구원을 받았다. 하나님은 어둡던 자매의 가정에 빛이 되어 주셨고, 자매는 만나는 사람마다 복음을 전하기 시작했다.

내가 그 도시에 가겠다고 하자 자매는 뛸 듯이 기뻐했다. 동네에는 집회를 할 만한 마땅한 장소가 없었다. 자매는 동네 주민들과 함께 집 앞마당에 나무를 세우고 천막을 씌워 집회 장소를 만든 뒤 사람들을 초대했다. 하루 종일 밭일을 하고 땀에 젖은 주민들이 고단한 몸을 이끌고 와서 자리를 가득 채웠다. 눈을 반짝거리며 나를 바라보는 주민들에게, 스피커가 없어서 나는 동네가 떠나가라고 고함을 지르며 복음을 전했다. 말씀을 마치고 개인 상담까지 하고 나면 주위는 이미 캄캄했다.

어느새 자매의 어머니는 불편한 한쪽 팔로 우물에서 물을 길어 와 숯불로 데워, 내가 따뜻한 물로 씻을 수 있게 준비해 놓으셨다. 젊은 내가 들어도 휘청거릴 정도로 많은 양의 물이었다.

"자매님, 내일은 제가 직접 길어 오면 돼요."

다음 날도, 그 다음 날도 자매의 어머니는 물을 길어 와 따뜻하게 데워 두셨다.

"선교사님, 우리는 물을 길어 오는 게 익숙해요. 선교사님은 잠자리도 불편하고 식사도 입에 안 맞으실 텐데, 매일 목소리가 안 나올 정도로 복음을 전해주시잖아요. 선교사님이 쓰러지시면 어떡해요? 선교사님은 마음껏 복음만 전하세요."

자매 가족은 한 주간 나를 극진히 섬겨 주었다. 달빛조차 보이지 않는 고요한 밤, 마당에서 숯불에 올린 고구마를 손에 쥐고 호호 불어가며 도란도란 이야기하던 그 밤이 잊혀지지 않는다.

뚜흐디노에서 보낸 일주일 동안 나는 꿈을 꾸는 것처럼 행복했다. 아쉬운 발걸음을 옮겨 수도로 돌아가려는데, 자매의 어머니가 내 팔을 붙잡았다.

"선교사님, 여기에도 예배당이 생기게 기도해 주세요."

고단한 몸을 이끌고 와서 말씀을 달게 듣던 많은 사람들, 더없이 순수한 아이들, 그리고 묵묵히 뒷받침이 되어 준 자매의 가족과 구원받고 한없이 기뻐하던 사람들의 얼굴이 주마등처럼 스쳐갔다. 그 후로 나는 눈을 감을 때마다 그곳에 예배당이 생기길 기도했다.

어게인 뚜흐디노

몇 해 전에 아프리카 토고에서 아이티로 선교하러 온 암브라즈 선교사가 뚜흐디노에서 교회를 시작했다. 그리고 얼마 후, 구원받은 한 형제가 자신의 땅을 예배당 부지로 사용하라고 기증했다는 소식을 들었을 때 나는 뛸 듯이 기뻤다. 거리가 멀어서 자주 찾아가진 못했지만 하나님이 뚜흐디노 식구들을 생각하시는 것을 볼 수 있었다.

성도들은 기쁜 마음으로 건축을 시작했고, 몇 년이 지나 예배당이 완공되었다. '예배당이 조금씩 지어져 갈 때 자매의 어머니가 얼마나 기뻐하셨을까? 하나님이 그들의 기도에 응답하신 것을 생각하면서 얼마나 행복했을까? 그때 그 아이들은 이제 나만큼 키가 자랐겠지? 녀석들이 교회에서 배운 찬송 소리가 동네에 가득하겠지? 그 아이들 중에는 복음 전도자가 될 녀석들도 있겠지?' 생각하다 보면, 아이들의 목소리가 들리는 듯했다.

2021년 6월 4일, 예배당이 완공되어 기념 예배를 드린다고 했다. 당시 나는 오까이에 있었기 때문에 뚜흐디노에 가기 위해서는 수도까지 차로 다섯 시간을 달리고, 다시 북쪽으로 여섯 시간을 가야 했다. 오까이에서 뚜흐디노까지 거리는 400km밖에 되지 않지만, 가파른 산길이 많고 비포장도로가 많아 열한 시간이나 걸렸다. 15년 된 낡은 차는 자주 말썽을 일으켰기에 언제 타이어가 터질지, 가다가 언제 멈출지 몰랐고, 치안까지 불안정해 운전하는 내내 긴장의 끈을 놓을 수 없었다.

갈 수 없는 이유는 많았다. 하지만 환하게 웃고 있을 자매 가족의 얼굴이, 내 머리를 감싸 주었던 아이들의 얼굴이, 복음을 듣고 기뻐하던 많은 사람들의 얼굴이 떠올랐다. 가야 할 이유는 분명했다.

우리가 뚜흐디노에 간다고 하자 오까이 성도들이 뚜흐디노 교회에 전해 달라며 쌀이며 콩, 그리고 생필품을 가져왔다. 차는 어느새 성도들의 마음으로 가득 찼다. '뚜흐디노 성도들이 이걸 보면 정말 좋아하겠지?' 도로는 여전히 좋지 않았지만 아내와 나는 노래가 절로 나왔다. 곡예를 하듯 위험천만한 마지막 산을 내려오니 멀리서 작은 도시가 고개를 빼꼼 내밀었다. 뚜흐디노였다.

동네는 예전 모습 그대로였지만 그 사이에 예배당이 멋지게 지어져 있었다. 차에서 내리자 자매의 가족과 암브라즈 선교사 부부가 기다리고 있었다. 이제는 흰머리가 가득한 자매의 어머니는 오랜만에 만난 자식을 보듯 나를 와락 안으셨다.

"선교사님, 하나님이 우리 기도를 들어주셨어요. 하나님이 정말 내 팔이 되셨어요."

우리는 그날 밤 오랜만에 만난 가족처럼 시간 가는 줄 모르고 이야기를 나누었다. 여러 어려움이 있었지만, 암브라즈 선교사와 자매의 가족은 마을에 계속 복음을 전해 많은 사람이 구원받아 교회에 연결되어 있었다.

다음 날, 기념 예배에는 뚜흐디노 시장님을 비롯해 많은 사람들이 참석했다. 뚜흐디노 교회 학생 합창단의 노래를 들으면서, 그리고 그동안 구원받은 사람들의 간증을 들으면서 나는 10년 후가 그려졌다. '저들을 통해 더 많은 사람들이 구원받겠구나. 저 학생들 중에는 선교사도 생겨나겠지? 찬송 소리가 동네에 울리면 얼마나 행복할까?'

기념 예배를 마치고 오까이로 돌아오는 길은 여전히 험난했지만, 아내와 나는 뚜흐디노 이야기에 푹 빠져 금세 수도에 도착해 있었다.

어두운 그림자

그날은 수도 교회에서 자고, 다음 날은 다시 다섯 시간을 달려 오까이로 가야 하기에 주섬주섬 짐을 정리하고 있었다. 그때 라디오를 듣고 있던 한 형제가 달려왔다.

"선교사님, 내일 아침부터 마흐티상에서 갱단이 길을 막는다고 해요."

마흐티상은 수도 외곽에 있는 도시로, 오까이로 가기 위해서는 반드시 지나가야 하는 곳이었다. 그곳은 오래 전부터 갱단의 소굴로 유명했는데, 길을 막아 지나가는 차들에게서 통행료를 받거나 물건을 빼앗았다. 중화기를 소지하고 있고 규모가 상당히 커서 정부에서도 협상을 해야 할 정도로 막강한 조직이었다.

그들은 종종 대규모로 길을 막을 때마다 라디오 방송으로 공지했다. 정부를 테이블로 끌어내 협상해서 돈을 뜯어내기 위함이었다. 문제는, 다음 날 시작되는 도로 봉쇄가 언제까지 지속될지 알 수 없다는 것이었다. 오까이에서 성도들과 드림대안학교 아이들이 우리를 기다리고 있기에 수도에서 기약 없이 기다릴 수는 없었다. 보통 이런 경우, 봉쇄가 시작되기 전인 새벽이나 전날 이동하는데 날이 이미 어두워진 후였다. 우리는 다음 날 떠나기로 했다.

아직 해가 뜨지 않은 새벽, 우리는 서둘러 짐을 챙겼다. 길을 잘 아는 모아멧 형제가 운전대를 잡았다. 나와 아내와 월센 전도사, 그리고 마뉴엘라 사모가 차에 몸을 실었다. 갱단이 활동하기 전에 그곳을 빠져나가야 했다. 수도 교회 식구들과 인사할 틈도 없이 차가 달리기 시작했다.

새벽 다섯 시가 채 되지 않았지만 벌써부터 내달리는 차들이 보였다. 모아멧은 속도를 내기 시작했다. 차는 거칠게 흔들렸다. 멀미가 날 것 같았지만 그럴 틈도 없었다. 40분 만에 마흐티상 근처에 도착했다. 갑자기 모아멧이 속도를 줄였다.

“갑자기 왜 그래? 차에 문제라도 생겼어?”

“선교사님, 갑자기 주변에 차가 한 대도 안 보여요.”

잔뜩 긴장한 모아멧의 목소리가 가늘게 떨렸다. 주위를 둘러보니 드문드문 보이던 차들이 모두 자취를 감추었다. 도로 위에는 우리밖에 없었다. 자욱이 깔린 안개는 시야를 더욱 흐리게 했다. 느낌이 좋지 않았다. 때마침 도로 반대편에 경찰서가 보였다. 모아멧에게 경찰서에 가서 도로 상황을 물어보고 가자고 했다.

모아멧이 차를 급히 돌린 뒤 차에서 내려 경찰서로 갔다. 우리는 모아멧이 돌아오기를 초조하게 기다렸다. 이윽고 모아멧이 차로 돌아와 안전벨트를 꽉 맸다.

“아직 시간이 일러서 차가 없는 거래요. 아무 문제 없으니 지나가라고 하네요.”

시동을 거는 우리 차 뒤에 노란 불빛이 다가왔다. 마흐티상을 통과하려는 다른 차였다. 하지만 긴장을 놓을 수 없었다. 모아멧은 서둘러 액셀을 밟았다. 그때 별안간 안개를 비집고 복면을 쓴 두 사람이 총을 겨누며 달려왔다. 모아멧은 급히 후진 기어를 넣고 액셀을 밟았다. 차는 터질 듯한 굉음을 내며 미친듯이 후진하기 시작했다. ‘꽈앙!’ 뒤에서 달려오던 차와 부딪힌 것이었다. 놀랄 겨를도 없었다. ‘타타타당!’ 사방에서 총소리가 들려왔다.

"고개 숙여!!!"

아내가 날카롭게 소리를 질렀다. 나도 모르게 고개를 숙였다. '타타타당!' 총소리는 더욱 거세졌다. 차 유리창이 깨져 사방으로 튀었다. 몸이 돌처럼 굳어졌다. 뒷자리에서 비명이 터져나왔다. 고개를 돌릴 수도 없었다. 시간이 멈춘 것 같았다.

'철컥' 소리가 나더니, 모아멧이 운전석 문을 열고 큰소리를 지르며 내달리기 시작했다. 나는 당황했다. '타타타당!' 총소리는 계속되었다. 차를 멀리 옮겨야 했다. 나는 급히 운전석으로 옮겨 앉았다. '타타타당!' 열린 차 문 사이로, 총알에 맞은 모래알들이 튀어올랐다. 서둘러 문을 닫고 차키를 힘껏 돌렸다. 차는 애꿎은 소음만 낼 뿐 시동이 걸리지 않았다. 수십 발의 총상에 수명을 다한 것이다. 아내는 뒤에서 비명을 지르듯 하나님을 불렀다. 키를 쥔 내 손에는 땀이 흥건했다.

"이쪽으로 뛰어오세요!!"

보아멧의 목소리였다. 방향은 경찰서였다. 언제 갱단이 차를 덮칠지 몰랐다. 뛰어야 했다.

"여보, 차 문 열 테니까 경찰서로 뛰어!"

"지금 어떻게 뛰어?"

"여기서 그냥 죽을 거야? 뛰어야 돼!"

"나, 너무 무서워!! 발이 안 움직인다고!!"

아내는 절규하듯 소리쳤다.

"선교사님, 제가 먼저 뛸게요."

마뉴엘라 사모였다.

"저도 뛸게요."

윌센 전도사였다.

"여보, 그 다음에 당신이 뛰어. 그리고 내가 뛸게."

우리에게는 선택권이 없었다. 온몸의 신경세포가 서 있는 것 같았다. 나는 웅크린 채 총소리가 줄어들길 기다렸다. 쉬지 않던 총소리가 멈췄다. 나는 차문을 활짝 열었다.

"뛰어!!"

무법천지

마뉴엘라 사모는 차 밖으로 몸을 내던지다시피 뛰었다. 윌센이 뒤를 이었다. 아내도 정신없이 뛰었다. 나도 뛰기 시작했다. 경찰서까지는 40~50미터 거리였지만 너무나 멀게 느껴졌다. '총을 맞으면 어떡하지?' 나는 아내의 등만 보고 뛰었다. 경찰서가 코앞이었다.

"엎드려!"

경찰이 외치는 소리에 우리는 그대로 엎드렸다. '타타타당!' 총소리가 따라왔다. 차가운 흙바닥이었다. 경찰서 창문이 깨져 몸 위로 떨어졌다. 숨 돌릴 새도 없었다. 갱단은 먹이를 놓친 사냥꾼처럼 분풀이라도 하듯 경찰서를 향해 총을 난사했다. 한참 만에야 총소리가 멈췄다. 우리는 급히 몸을 일으켜 경찰서 안으로 몸을 피했다. 다시 총소리가 이어지고, 꿈인지 현실인지 분간이 가지 않았다. 언제 갱단이 경찰서로 들이닥칠지 몰랐다.

박 목사님께 빨리 연락해야 한다는 생각밖에 할 수 없었다. 서둘러 한국에 소식을 보내고 보니, 아내와 마뉴엘라 사모는 넋이 반쯤 나가 있었다. 아내의 발에서는 피가 줄줄 흐르고 있었다. 얼마나 긴장했는지, 아내는 그런 줄도 모르고 양손으로 귀를 막은 채 바닥에 웅크리고 앉아 있었다.

그때 한 경찰이 다가와 이런 일이 어제오늘 일이 아니라는 듯 말했다. 3일 전에 경찰서를 중심으로 두 갱단 사이에 싸움이 일어났다고 했다. 원래 자리 잡고 있던 갱단은 자신들의 구역을 빼앗기지 않기 위해, 그리고 다른 갱단은 구역을 확장하기 위해서였다. 그들은 서로 누가 더 잔인하고 힘이 센지 보이기 위해 사람들을 무차별 죽이고 방화하고 있다고 했다. 순간 이런 상황을 이미 알고 있었다는 경찰에게 화가 났다.

"아니, 그럼 아까 가지 말라고 했어야지 죽을 수도 있는데 왜 가라고 했어요?!"

이제 와서 따져봐야 의미가 없었지만 원망 섞인 말이 나도 모르게 튀어나왔다. 경찰의 목소리는, 수많은 죽음 앞에서 무뎌진 것 같았다.

"며칠 전 차 한 대가 이 도로를 지나가다가 길을 막아선 갱단과 마주쳤어요. 그들은 급히 차를 돌려 경찰서 앞에 차를 세우고 이곳으로 몸을 피했지요."

지루한 소설을 이야기하듯 그의 목소리가 이어졌다.

"그런데 그 모습을 본 갱단이 '사람들이 경찰서에 가면 안전하다고 생각하는구나. 우리가 경찰보다 힘이 훨씬 세다는 걸 보여줘야겠다' 하고 경찰서를 습격했어요. 그때 우리는 세 명이었어요. 고작 세 명이었다고요."

그는 자신들의 수가 훨씬 적었음을 강조했다.

"생각해 보세요. 이 위험한 곳에서 경찰 셋이서 무얼 하겠어요?"

그의 목소리에는 이미 체념한 자의 깊은 한숨이 배어 있었다.

"그들은 경찰서로 들이닥쳤고, 우리를 포박했어요. 저항조차 할 수 없었다고요. 그러곤 만일 지나가는 차나 사람들을 지켜 주거나 자신들에 대한 정보를 흘리면 우리 가족들을 죽이겠다고 협박했어요."

그의 목소리가 파르르 떨렸다.

"내 아이들은 그들이 장악하고 있는 구역에 살고 있다고요. 우리 가족들은 갱단의 구역 한가운데에서 매일 고통하며 살고 있다고요. 그런데 우리가 뭘 어떡하겠어요?"

그는 고개를 절레절레 저었다. 그의 목소리에는 분노조차 느껴지지 않았다. 겨우 경찰서로 몸을 피했지만 경찰도 의지할 수 없는 상황이었다.

깨진 유리창 사이로 햇빛이 들어왔다. 경찰서 안에서 바라본 거리는 내 생애에서 가장 충격적인 광경이었다. 총에 맞은 차량 수십 대가 여기저기 널려 있고, 어떤 차 안에는 운전석에 죽은 채로 앉아 있는 사람이 보였다. 거리에는 피와 시체들이 보이고, 간간이 개들이 시체를 뜯어먹는 모습도 보였다.

생계를 위해 그곳을 지나가야 하는 수십 명의 마을 사람들은 양손을 머리에 올리고 포로처럼 떼 지어 이동했다. 지옥을 엿보는 것 같았다. 언제까지 그곳에 있을 순 없었다. 나가야 했지만 방법이 보이지 않았다. 초조했다. 그때 한국에서 우리 소식을 들은 박 목사님께서 급히 전화를 주셨다.

생명을 지켜준 복음

"여보세요. 목사님!"

"할렐루야! 하나님, 감사합니다. 죄의 종으로 살던 당신의 아들을 구원하시고 복음 때문에 지켜 주셔서 너무 감사합니다."

목사님은 내 목소리를 확인하자마자 전화기를 바짝 대고 바로 기도하셨다. 총소리는 끊이지 않고 경찰들조차 불안해하는 그곳에서 목사님의 기도는 우리에게 한 줄기 빛이었다.

"자네 부부를 지키신 하나님을 찬양하네. 우리가 다 기도하고 있네. 총알이나 갱단이 자네 부부를 해할 수 있는 게 아니야. 자네들은 하나님의 사람이야."

목사님은 거대한 산 같았다. 어떤 어려움 앞에서도 하나님을 이야기하셨다. '그렇구나. 하나님이 복음 때문에 우리를 지키신 것이

갱단이 쏜 총탄 세례를 받아 유리창이 깨진 경찰서 안에서

구나. 운이 좋아서가 아니라 복음 때문에 우리를 지키셨구나. 아이티에 복음이 아직 들어가지 않은 도시들이 많은데, 그러면 그곳 사람들에게 복음을 전할 수 있도록 끝까지 우리를 지키시겠구나.'

총소리는 여전히 멈추지 않았다. 때로는 경찰서 코앞에 갱단이 있는 것처럼 가깝게 들렸다. 귀가 찢어지는 것 같았다. 그럴 때마다 두려움이 성난 파도처럼 우리 마음을 덮치는 것 같았지만, 우리는 목사님이 하신 기도를 떠올렸다. 죽을 것 같은 두려움 앞에서 목사님의 기도로 우리는 복음을 떠올리기 시작했다. 그것 말고는 다른 길이 없었다. 그리고 복음은 우리 마음에 빛이 되어 조금씩 퍼지기 시작했다.

목사님과 통화하는 것을 지켜보던 경찰이 다가와 말했다.

"이런 상황에서 눈을 감고 기도하는 당신들이 참 신기하네요."

"제 스승 목사님이에요."

"이런 상황에서 기도하시는 스승님이라니, 정말 훌륭하신 분이네요."

그가 말을 이었다.

"어제였어요. 당신들과 똑같은 자리에서 똑같은 시간이었죠. 미친 듯이 총성이 울렸고, 그들은 그 자리에서 모두 숨졌어요. 그러고 보니 당신들은 똑같은 상황이었는데도 누구 하나 총에 맞지 않았네요. 당신들이 믿고 있는 하나님이 당신들을 지키셨네요. 총알이 빗발치는 상황에서 단 한 사람도 총에 맞지 않았다는 건 기적이에요."

전날 다섯 사람이 같은 자리에서 숨졌다니 등골이 서늘했지만, 하나님은 우리를 지키셨다.

탈출

그 시각, 우리 소식을 들은 아이티 형제들이 우리를 구하기 위해 근처까지 차를 몰고 왔다. 하지만 경찰서 쪽은 너무 위험해, 차를 몰고 왔다가는 형제들마저 위험에 빠질 수 있었다. 형제들은 그 동네를 잘 아는 현지인들을 찾았다. 오래 전부터 그곳에 사는 주민들은 갱단이 잘 건들지 않기 때문이다. 어렵게, 동네 주민들 가운데 우리를 구하러 와줄 분들을 찾았다. 그들이 우리가 있는 경찰서까지 와서, 우리를 데리고 형제들이 있는 곳까지 가야 했다. 위험했지만 동네 주민 둘과 그곳 지리를 잘 아는 오토바이 운전수 둘이 우리를 데리러 오겠다고 했다.

형제들이 나에게 전화해, 곧 주민들이 갈 테니 나올 채비를 하라고 했다. 얼마 안 되어 네 사람이 오토바이 두 대를 끌고 경찰서 앞에 도착했다. 그들은 빨리 나가자고 재촉했다. 오토바이 운전수들이 쓰고 온 헬멧은 여자들이 쓰고, 아내와 나는 외국인인 것을 들키지 않으려고 긴 옷으로 피부를 가렸다. 나는 한 주민이 건네준 모자를 눌러쓰고 티셔츠로 얼굴을 가렸다.

오토바이 한 대에 운전수와 주민 외에 두 명씩 탈 수 있다고 했다. 우리는 다섯 명이어서 한 번에 다 나갈 수 없었다.

"내가 남아 있을게. 당신 먼저 형제들이랑 교회로 가."

"미쳤어? 여기 당신 혼자 남아서 어쩌려고 그래?!"

아내는 단호했다. 하지만 그 위험한 곳에 형제를 남겨두고 나 먼저 빠져나오는 것이 내키지 않았다.

"괜찮아. 오토바이가 갔다가 돌아오면 그때 갈게."

"고집 좀 그만 부려. 당신도 같이 나가야 돼."

아내는 끈질기게 이야기했지만 나는 도저히 먼저 갈 수 없었다. 한시가 급한 상황에서 오토바이를 타지 않고 시간을 끌자, 답답했던지 주민이 대화에 끼어들었다.

"선교사님, 당신들은 외국인이니까 당신들이 먼저 나가야 해요. 여기 현지 형제는 이곳 주민인 척하면 갱단이 해치지 않아요. 당신들은 달라요. 당신 아내가 무사히 나간다 해도, 갱단이 그 사실을 알면 당신은 오히려 더 큰 위험에 빠질 수 있어요. 지금 이럴 때가 아니에요! 빨리 타세요!"

그는 다급하게 말했다.

"선교사님, 저는 아이티 사람이니까 괜찮아요. 저는 어떻게 해서든 나갈 수 있으니 걱정 말고 먼저 가세요."

모아멧이 나를 떠밀었다. 지체할 틈이 없었다. 오토바이 운전수 뒤에 내 아내가 타고 그 뒤에 내가 앉았다. 내 뒤에는 동네 주민이 탔다. 우리는 서로를 꼭 붙들었고, 나는 온몸으로 아내를 감쌌다.

황량한 길에 오토바이 두 대가 등장하니 갱단들의 눈에 금세 띄었다. 내 뒤에 탄 주민은 자기 얼굴을 가리키며, 달리는 내내 큰 소리로 "나는 OOO이며, 이 동네 주민입니다."라고 외쳤다. 당신들이 잘 아는 동네 사람이니 쏘지 말라는 신호였다. 오토바이는 곡예를 하듯 내달렸다. 불타는 타이어와 돌무더기 사이를 가로질러 잠시 후 우리는 형제들이 기다리고 있는 곳에 무사히 도착할 수 있었다.

형제들의 얼굴을 보며 안심할 사이도 없이 주민들이 차 유리를 두드렸다. 빨리 출발하라고, 손가락으로 뒤를 가리키며 운전석에 있는 형제를 다그쳤다. 오토바이에 동네 주민이 아닌 외지인이 타고 있는 것을 뒤늦게 발견한 갱단이 총을 들고 우리를 향해 달려오고 있는 것이 보였다. 우리는 다시 도망치기 시작했다. 형제는 그

야말로 미친듯이 차를 몰았다. 차 안에서도 고개를 숙인 채 가슴을 졸여야 했다. 한참 뒤, 우리는 교회에 도착할 수 있었다. 경찰서에 갇힌 지 여섯 시간 만이었다.

공황장애

안심하긴 일렀다. 그날부터 아내는 작은 소리에도 화들짝 놀랐다. 당시 수도 교회에서 예배당 보수 공사를 하고 있었는데, 작은 못질 소리나 돌멩이가 떨어지는 소리에도 아내는 소스라치게 놀라며 가슴을 부여잡고 괴로워했다. 결혼한 지 10년 동안 한 번도 본 적이 없는 모습이었다. 어떤 날은 숨쉬기조차 버거워했고, 어떤 날은 불안한 마음이 너무 커서 한 발짝도 움직이지 못했다. 공황장애 초기 증세였다. 괴로워하는 아내 곁에서 나는 할 수 있는 게 없었다. 모든 것이 끝인 것 같았다.

선교를 하는 동안 아내에게도 여러 번 고비가 있었지만, 아내는 항상 밝고 긍정적이었다. 때로는 나에게 든든한 버팀목과 시원한 그늘이 되어주기도 했다. 먹고사는 것도 쉽지 않았지만, 한 번도 나에게 한국으로 돌아가자고 한 적이 없었다. 오히려 우리 부부가 이런 귀한 일을 하게 되어서 감사하다고 하며, 때로는 지친 나에게 다시 일어설 수 있는 힘을 주었다.

어느 날, 아내는 무전 전도 여행을 따라가고 싶다고 했다. 나는 해마다 형제들과 함께 무전 전도 여행을 떠났다. 종일 걸을 때도 있고 굶은 적도 여러 번 있었지만 하나님이 늘 돕는 사람을 만나게 하셨고, 돌아올 때면 힘들었던 기억은 사라지고 없었다.

"여보, 다음에는 나도 같이 가."

아내는 항상 나와 같이 가고 싶어 했지만, 현실적으로 쉽지 않았다. 아직 어린 아이들이 있어서 녀석들을 떼어놓고 일주일씩 무전 전도 여행을 간다는 것이 어려워 보였다.

"여보, 이번 무전 전도 여행은 나도 갈래."

나야 어디서든 자도 문제가 되지 않지만 아내를 데리고 가는 것은 부담스러웠다.

"막둥이는 아직 젖도 안 뗐는데 어떻게 가려고? 애기를 업고 하루 종일 걷는 건 어려울 거야. 잘 곳을 구하지 못하면 길에서 잘 수도 있는데 위험할 수 있어."

나도 모르게 어려운 이야기를 늘어놓았다.

"지금까지 당신이 갈 때마다 하나님이 도우셨잖아. 애기 데리고 가는 건 아무 문제 안 돼. 나도 이런저런 상황을 생각하면 못 갈 이유만 많아져. 힘들어도 같이 가고 싶어."

아내는 단호했다. 그래서 처음으로 아내와 막내를 데리고 오까이에서 다섯 시간 떨어진 도시로 무전 전도 여행을 떠났다.

뙤약볕 아래서 아이를 번갈아가며 업고 걸었다. 아내는 다리가 아팠지만 내색하지 않았다. 그렇게 다니면서 집집마다 복음을 전했다. 내가 한참 이야기하고 있으면 아이를 업은 아내도 어느새 아주머니들에게 복음을 전하고 있었다. 주민들은 우리 같은 사람들은 처음 본다고 했다.

“세상에, 연고자도 없는 이곳에 복음을 전하려고 어린아이를 데리고 온 거예요?”

어딜 가나 마을 주민들이 우리를 환영했다. 아내는 하루 종일 걸으며 복음 전하는 것을 한없이 행복해했다.

“잘 곳은 있어요? 괜찮으면 우리 집에서 지내시면 돼요.”

낮에 복음을 들은 아주머니가 저녁에도 복음을 전하고 있는 우리를 발견하고 이야기했다. 얼마나 고맙던지. 아주머니 집에 도착해 보니, 우리가 잘 방을 이미 준비해 두셨다. 아이가 모기에 물리면 안 된다고 모기장을 쳐놓았고, 애기 엄마는 잘 먹어야 한다며 맛있는 식사를 준비해 두셨다. 그리고 하루 종일 밖에서 얼마나 힘들었겠느냐며, 물을 데워 따뜻한 물로 씻을 수 있게 준비해 주셨다. 하나님은 우리 가족이 복음을 전하는 데 부족하지 않도록 세밀하게 살피셨다. 한 주간 우리는 정말 많은 집을 방문해 복음을 전했고, 많은 분들이 구원을 받았다. 집으로 돌아오는데 아내가 조용히 내 손을 잡았다.

“여보, 사람들은 모를 거야. 우리가 얼마나 행복한지.”

그다음 해에도 아내는 교회 자매들과 함께 다시 무전 전도 여행을 떠났다.

어렵지만 그렇게 행복해하고 밝았던 아내가 소리 없이 괴로워하는 모습을 보는 것은 견디기 힘들었다. 차라리 나에게 그런 증상이 생겼더라면…. 밝은 아내를 다시 볼 수 없을지도 모른다는 생각에 절망스러웠다. 아내가 나에게 당신 때문이라고 소리치며 원망이라도 하면 속이라도 시원할 것 같은데, 아내는 아무 말도 하지 않았다.

우리가 돌보아 주어 아내를 엄마처럼 따르는 아이티 아이들이 많았다. 그 모든 것이 이제는 끝인 것 같았다. 아내 귀에서 매일 울리는 총소리는 아내의 증세를 빠르게 악화시켰다. 아내의 웃는 얼굴을 더이상 볼 수 없을 것 같았다.

미국으로 나갔다. 우리 부부의 여권 만료일이 다 되어, 아이티에는 한국 대사관이 없기에 미국 애틀란타에서 여권을 갱신하기로 했다. 우리는 들것에 실려 가는 군인처럼 무거운 마음으로 비행기에 몸을 실었다. 여권 갱신이 목적이었지만, 어쩌면 아이티에 영영 돌아올 수 없을지도 모른다고 생각했다. 단 한 번도 아이티를 떠난다는 생각을 해본 적이 없었는데…. 더없이 아름답던 하늘이 흐리게만 보이고, 작별 인사도 하지 못한 형제 자매들과 우리를 부모처럼 따르던 드림대안학교 학생들의 얼굴이 하나하나 스쳐 지나갈 때마다 마음이 찢겨나가는 것 같았다.

애틀란타

애틀란타는 평화로운 도시였다. 미국이라고 해도 모든 도시가 치안이 좋은 것은 아닌데 애틀란타는 손에 꼽을 만큼 치안이 좋은 도시였다. 평화로운 도시에서 총소리를 들을 일은 없었다. 하지만

어려움 속에서도 밝고 행복하게 지내던 아내가 갱단 총격 사건 이후 웃음을 잃었다.

아내의 증세는 조금도 좋아지지 않았다. 불안은 예고 없이 찾아왔고, 그때마다 아내는 숨을 가쁘게 내쉬며 쿵쾅쿵쾅 뛰어대는 가슴을 부여잡고 힘들어했다. 그럴 때면 아내 눈에 어김없이 복면을 쓴 채 우리를 향해 총구를 겨누던 갱단의 모습이 사방에서 보였고, 극도로 긴장한 채 차 안에 갇혀 있던 그날 속으로 소리 없이 빨려들어갔다. 온몸이 잔뜩 긴장한 채 땀이 흥건한 아내를 안고 나는 아무것도 할 수 없었다.

따가운 햇볕에 살갗이 타는 것처럼 내 마음이 따갑고 아팠다. 가쁜 숨을 몰아쉬며 진정하려고 애쓰는 아내를 보며, 내 마음은 찢기고 찢겨 너덜너덜해진 옷자락처럼 아무 힘이 없었다. 아내가 보지 않는 곳에서 몰래 눈물을 훔치고 아내를 볼 때면 애써 웃으며 괜찮은 척 아내의 손을 잡고 있는 게 내가 할 수 있는 전부였다.

3주 뒤, 한국에 계시던 박 목사님이 애틀란타에서 갖는 집회를 인도하려고 방문하셨다. 오랜만에 만난 목사님께 아내는 담담하게 그간 있었던 일과 자신에게 나타나는 공황장애 증세에 대해 이야기했다. 목사님은 성경을 펴셨다.

“하나님의 사람들은 생명싸개 안에 있기 때문에 총알이나 병이 죽이는 게 아니라 하나님이 허락하셔야 죽는 거야. 절대로 총알이 너를 해할 수 없어. 모든 것은 하나님의 손에 달린 거야. 하나님이 때로는 우리 인생에 어려움을 허락하시는데, 그것은 우리를 괴롭게 하시려는 게 아니라 우리에게 큰 복을 주시기 전에 시련을 당하게 하시는 거야. 그래서 참된 하나님의 사람들은 어려움을 만날 때 어려움 속에 빠지는 것이 아니라, 그 어려움 너머에 있을 축복을 바라보며 항상 기뻐할 수 있는 거야.”

신기한 일이 일어났다. 목사님을 만나고 나온 아내의 얼굴에 그동안 짙게 배어 있던 어두운 그림자가 온데간데없었다. 그동안 우리에게 총구를 겨누던 갱단의 모습이 보였는데, 작정하고 우리를 죽이려 했던 갱단과 총알 속에서 우리를 지키신 하나님이 아내 마음에서 보이기 시작했다. 마치 씨앗이 싹을 틔우고 자라듯, 아내 마음에서 하나님이 자라나기 시작했다. 성경 속 모든 인물들이 그랬듯, 우리에게도 시련 뒤에 하나님의 축복이 준비되어 있음을 바라보니 소망이 차오르기 시작했다. 아내의 얼굴은 어느새 눈부시게 밝아져 있었다.

세상에서 가장 행복한 사모

그 주에 애틀란타 교회에서 드린 주일 오전 예배 때, 아내는 간증하고 싶다며 단에 올라갔다. 그리고 사람들에게 자신을 소개했다.

"여러분, 안녕하세요. 저는 세상에서 가장 행복한 아이티의 이일영 사모입니다."

순간 눈물이 핑 돌았다. 죽을 만큼 무서웠던 그날에 있었던 일과 숨이 쉬어지지 않아 답답한 가슴을 움켜쥐고 괴로워했던 날들을 대중 앞에서 처음으로 담담하게 이야기했다. 그리고 우리를 지키신 하나님께 영광을 돌렸다. 하루 빨리 아이티로 돌아가서 여전히 가난과 죽음의 그림자 아래서 괴로워하는 아이티 사람들에게 다시 복음을 전하고 싶다고 했다. 아내의 간증을 들으며 나는 소리 없이 울었다. 그날부터 아내는 누구를 만나든지 자신을 '세상에서 가장 행복한 아이티 사모'라고 소개했다. 그 말처럼 아내의 얼굴은 평화롭고 생기가 넘쳤다.

애틀란타에 있는 동안 우연히 그 도시에서 가장 큰 아이티 교회인 '아이티 선한 사마리아 교회' 담임 목사인 브레이브 목사님을 만났다. 그분은 우리 간증을 듣고 크게 감명을 받으셨다. 자신은 6주마다 성도 십여 명과 함께 아이티에 가서 봉사도 하고 전도도 해왔는데, 치안이 극도로 안 좋아져 한동안 가지 못하고 있다고 하셨다. 목사님은 "어떻게 그 위험한 일을 겪고도 다시 아이티에 돌아갈 생각을 합니까? 당신이 나보다 낫고, 당신이 진짜 선교사입니다." 하며, 아이티 사람들도 하지 못하는 일을 외국인 선교사가 하고 있다

위)애틀란타에 있는 '아이티 선한 사마리아 교회'에서 간증하는 이한솔 선교사
아래)담임 목사인 브레이브 목사 부부, 웃음을 다시 찾은 아내와 함께

며 양손으로 내 손을 꼭 잡고 연신 고맙다고 인사하셨다. 그리고 주일에 자신이 인도하는 교회에서 꼭 간증해 달라고 하셨다.

그 주 일요일, '아이티 선한 사마리아 교회'에서 현지어인 크레올어語로 내가 간증했다. 아이티 사람들 수백 명이 일어나 박수를 치며 우리 부부를 따뜻하게 맞이했고, 우리가 많은 어려움 속에서도 여전히 복음을 전하고 있다는 소식에 그들은 자신들이 그런 일을 당한 듯 연신 눈물을 훔치며 감격스러워했다. 간증을 마치고 단에서 내려오는데 성도들이 우리 앞에 줄을 섰다.

"우리가 해야 하는 일을 선교사님이 하고 계시네요. 고맙습니다! 정말 고맙습니다!"

"아이티에 있는 가족들 생각에 잠을 못 자고 있었어요. 그런데 선교사님의 간증을 들으며 아이티를 사랑하시는 하나님의 마음을 느꼈어요. 선교사님을 지키신 하나님이 우리 가족도 지키실 줄 믿습니다. 감사합니다!"

그들은 눈시울을 붉히며 우리 부부를 꼭 안아 주었다. 우리가 겪은 시련이 더 많은 아이티 사람들에게 위로와 하나님의 마음을 전달하는 도구로 변해 있었다. 나는 하나님이 더욱 많은 아이티 사람들에게 복음을 전하게 하시려고 우리 부부에게 그 일을 허락하셨음을 알았다. 우리 부부가 그런 일을 겪고도 여전히 아이티에서 선교한다는 것 자체만으로도 아이티 사람들이 우리 부부에게 마음을 활짝 열었다. 브레이브 목사님은 며칠 만에 우리 부부와 아주 가까워졌고, 지금까지도 가장 친한 친구 중 한 분이 되었다.

얼마 후 우리는 아이티로 돌아왔고, 치안은 더욱 좋지 않았지만 아내에게서 불안 증세는 다시 나타나지 않았다.

우리 삶에 어려움은 미처 준비되지 않은 상태에서 예고 없이 찾아온다. 그때 사탄은 문제만 바라보게 하여 길이 없는 것처럼 속인다. 깊고 깊은 절망에 빠뜨려 결국 발을 내딛지 못하게 만든다. 그러나 하나님의 사람은 우리 눈을 돌려 하나님을 바라보게 한다. 우리 부부 또한 큰 어려움을 겪었지만 박 목사님의 인도로 하나님을 바라볼 수 있었다. 이제 우리 부부에게 그날의 복면 쓴 갱단은 더 이상 영향을 끼치지 못한다. 오히려 그들 덕분에 더 많은 사람들에게 복음을 전할 수 있는 길이 열렸다. 빗발치는 총알 속에서도 우리를 지키신 하나님이 더욱 선명해졌다.

8장

또다시 지진

비행기가 곧 아이티에 착륙한다는 기내 안내 방송이 흘러나왔다. 주섬주섬 짐을 정리하다 무심코 고개를 창가로 돌렸다. 오랜만에 다시 마주한 아이티. 페인트칠 하나 되어 있지 않은 시멘트 색 집들과 나무가 없어서 벌거벗은 산들이 보였다. 데모로 인해 검게 그을린 타이어 자국들도 도로 곳곳에 보였다.

아이티는 여전했다. 조용히 눈을 감고 나무가 푸르게 뒤덮인 아이티 산을 그려보았다. 아름다운 색을 가진 집들을 그려보았다. 사랑 받으며 더없이 밝은 미소로 뛰노는 아이들을 그려보았다. 가난하지만 서로를 위하고 하나님을 바라보는 사람들을 그려보는 동안 나는 수많은 색연필로 그림을 그리는 화가가 된 것 같았다. 수

개월 전 아이티를 떠날 때에는 내 도화지가 검정색인 줄 알았는데, 다시 돌아가는 비행기 안에서 나는 새로운 도화지 위에 세상을 바꿀 많은 그림을 그렸다. 내 도화지에는 갱단이 아니라 하나님을 만나 변화될 사람들로 가득했다. 윌센이 나를 보면 깜짝 놀라겠지?

다시 아이티로

내가 미국 애틀란타에 있는 동안 아이티 대통령이 암살되었다. 대통령은 자택에서 십여 발의 총을 맞고 사망했다. 충격적이었고, 안 그래도 불안정한 아이티가 얼마나 더 혼란스러워질까 걱정이 되었다.

며칠 뒤, 내가 사역하던 오까이에 규모 7.2의 강진이 발생해서 천 명이 넘는 사상자가 발생했다는 뉴스가 보도되었다. 지진은 아이티 남서부 지방을 타격해 수도에는 큰 피해가 없었지만, 내가 사역하던 오까이는 직격타를 맞았다. 오까이에서 나와 함께 사역하던 윌센 전도사에게 급히 연락해 보니, 우리 예배당 건물이 주저앉은 사진을 보내왔다. 다행히 교회에 사는 식구들의 인명 피해는 없다고 했지만, 예배당은 누가 툭 치면 언제라도 무너질 만큼 위태로워 보였다. 어려워하고 있을 성도들과 아이들을 생각하니 마음이 타들어가는 것 같았다. 나는 바로 비행기표를 끊었다.

수도에서 오까이로 가는 길은 여전히 갱단이 장악해 막혀 있었다. 우리가 갱단에게 습격을 받았던 도시는 갱단들의 도시가 되었고, 그곳에 살던 수많은 사람들은 눈물을 머금고 다른 곳으로 피신해야 했다. 오까이까지 차로 가는 것은 불가능해, 경비행기를 타고 들어가야 했다. 비행기 위에서 본 오까이의 모습은 참혹했다. 늘 보았던 건물들이 없어지고, 수많은 이재민이 발생해 사방에 텐트촌이 가득했다. 절망스러운 상황이었지만, 문득 5년 전 오까이에 교회를 개척했을 때가 떠올랐다.

2017년에 우리 가족 다섯 명, 청년 윌센과 대학생 디모데, 지방에서 올라온 형제 주니어, 그렇게 여덟 명이 교회를 시작했다. 전기도 없는 월세 10만 원짜리 집에서 살았지만, 종종 그때를 떠올리면 입가에 미소가 번진다. 일요일에 아무도 오지 않아 우리끼리 모일 때가 많았고, 그 해에 더위가 얼마나 심했는지 아이들은 땀띠로 한동안 고생해야 했다. 그렇게 지내다가 새로운 사람이 교회에 찾아오면 얼마나 반갑던지, 시간 가는 줄 모르고 복음을 전했다.

구원받은 사람이 점점 늘어나, 1년이 채 되기 전에 예배당으로 사용하던 마당이 비좁아서 이사를 가야 했다. 집을 알아보러 다녔는데, 마당이 넓은 집은 값이 터무니없이 비쌌다. 이사할 날짜는 다가오고 갈 곳은 없어서 초조했다. 하루는 아내와 함께 집을 보러 다니는데, 딱 봐도 비싸 보이는 멋진 집에 세를 놓는다는 안내문이 붙어 있었다. 집들을 얼마나 많이 보았던지 건물만 보아도 가격을 가늠할 수 있었기에 못 본 척하고 지나가려고 했다. 그런데 아내가 나를 불러 세웠다.

“여보, 저 집에 한번 들어가서 물어보자.”

“저 집은 비싸서 어차피 우리가 얻을 수 없을 거니까 다른 집을 알아보자.”

“하나님이 주인의 마음을 움직여서 우리가 원하는 값에 주실 수도 있잖아. 거절당하더라도 물어나 보자.”

아내의 성화에 못 이겨 마지못해 그 집에 들어갔다. 집은 아주 좋았다. 마당도 넓고 태양열 시스템이 설치되어 있어서 전기도 사용할 수 있었다. 2층 집으로 방이 다섯 개, 화장실이 다섯 개였다. 우리가 사용하기에 더할 나위 없이 좋았지만, 집주인의 말을 듣고 그리 기쁘지 않았다.

“1년에 1만 달러입니다.”

당시 우리가 살고 있던 집세의 10배였다.

“저는 선교사인데, 그만한 돈은 없습니다.”

어차피 거절당할 게 뻔하니 본론만 이야기하고 나갈 셈이었다. 순간, 집주인의 눈이 동그래졌다.

“선교사님이세요?”

“예.”

“그럼 얼마를 낼 수 있어요?”

나는 고민하다가 1년에 2천 달러라고 대답했다. 내가 낼 수 있는 최대 금액이었다. 주인이 화를 내겠다는 생각이 들어, 대답하면서도 긴장이 되었다.

“2천 달러요? 그럼 그렇게 하세요.”

나는 내 귀를 의심했다.

“매달 2천 달러가 아니라 일 년에 2천 달러요.”

분명히 잘못 들었을 거라고 생각해 다시 이야기했다.

“예, 1년에 2천 달러요. 그렇게 하세요.”

믿을 수가 없었다. 그렇게 좋은 집이 1년에 2천 달러라니. 어안이 벙벙해 있는 우리에게 주인이 빙그레 웃으며 입을 열었다. 자신의 남편은 건축가였는데, 집을 짓기도 하고 지은 집을 세놓기도 해 많은 돈을 벌었지만 작년에 일찍 세상을 떠났다고 했다. 죽음을 예감하고 슬퍼하는 아내에게 남편이 유언을 남겼다.

“여보, 나는 지금까지 많은 돈을 벌었지만 하나님을 위해 돈을 써본 적은 한 번도 없어. 그렇게 눈을 감으려니 후회가 돼. 만약 내가 죽고 나면 저 집을 하나님을 위해 사용할 수 있으면 좋겠어. 혹시 목사님이 집을 구하러 오면, 금액을 생각하지 말고 집을 사용할 수 있게 해드려.”

그렇게 이야기하고 남편은 눈을 감았다. 그런데 어느 날 내가 찾아와 집을 얻고 싶다고 하며 선교사라고 한 것이다. 그 말을 듣고 주인 아주머니는 깜짝 놀라면서, 슬픔 때문에 까맣게 잊고 있었던 남편의 유언이 떠올랐다고 했다.

“아무래도 남편이 저 하늘에서 당신들을 보내주신 것 같아요. 부끄럽지만, 제가 남편의 유언을 잊고 있었네요.”

주인은 남편의 소원을 이룰 수 있게 되었다며, 도리어 우리에게 고맙다고 했다. 하나님이 우리가 가야 할 곳을 미리 준비해 두셨던 것이다. 덕분에 우리는 많은 아이들을 받을 수 있었고, 드림대안학교를 시작할 수 있었으며, 성도가 금세 백여 명으로 불어났다. 하나님이 그렇게 우리를 인도하셨다.

비행기 안에서 어지럽게 흐트러진 거리를 내려다보며, 그날이 떠올랐다. **"너희 속에 착한 일을 시작하신 이가 그리스도 예수의 날까지 이루실 줄을 우리가 확신하노라."**(빌 1:6) 오까이에서 선교할 수 있게 하신 분은 분명히 하나님이셨다. 또한 수많은 문제가 있었지만 하나님이 신실하게 우리를 지키셨다. 비록 현재 상황이 많이 어렵지만, 하나님이 이 또한 반드시 도우실 것 같았다.

밤하늘에 빛나는 별 같았던 간증들

드림대안학교 아이들과 교회 식구들은 문을 닫은 학교에 마련된 임시 대피소에서 이재민들과 함께 생활하고 있었다. 학교에서 우리에게 교실 세 개를 제공해 주어, 남자와 여자가 하나씩 사용하고 남은 한 교실에는 교회의 물건들을 모두 옮겨놓았다. 오랜만에 만난 식구들은 모두 무사했다. 안 그래도 마른 윌센은 얼굴이 반쪽이 되어 있었다. 아이들을 대피시키고 짐까지 옮기느라 고생했을 것이 한눈에 보였다.

교회 식구들이 무사한 것을 확인한 뒤 바로 성도들의 집을 찾아다녔다. 집이 무너진 성도들도 많았기에 가야 할 곳이 많았다. 형제 자매들은 내 얼굴을 보자 귀신이라도 본 듯 놀랐다. 우리 부부가 갱단의 습격을 받았다는 소식을 듣고, 다들 말은 안 했지만 우리가 다시는 아이티에 돌아오지 않을 거라고 생각했던 것이다.

"아이고, 이게 누구야?"

나이든 모친들은 내 얼굴을 연신 만지셨다.

"선교사님, 만약 내가 그런 일을 겪었다면 아이티를 쳐다보기도 싫었을 거예요. 나는 선교사님을 다시는 못 보는 줄 알았잖아요."

성도들은 나를 보고 울었다.

"이렇게 위험한 곳에 뭐하러 다시 오셨어요? 이제는 선교사님 인생을 챙기면서 사셔도 모두 이해했을 거예요. 우리가 얼마나 놀랐다고요. 다시는 못 보는 줄 알았는데 다시 와주셔서 정말 감사해요."

자신들의 집도 무너져 어렵게 지내고 있으면서 성도들은 나를 정말 반갑게 맞아 주었다. 내가 뭐라고 기다리고, 또 맞아준 성도들 앞에서 눈치 없이 눈물이 흘렀다.

성도들은 대부분 열악한 환경 속에서 지내고 있었다. 집이 무너지거나 벽에 금이 간 집들이 많았고, 여진이 계속 찾아와 안전한 곳이 없었다. 아이들을 데리고 비도 피할 수 없는 커다란 나무 밑에서 생활하거나, 동네 주민들과 공터에 모여 지내고 있었다. 도시 전체가 난민촌이 된 것 같았다. 그 며칠 사이에 살이 얼마나 빠졌는지, 굳이 설명하지 않아도 어렵다는 것을 금세 알아챌 수 있었다. 그런데 신기한 것은 누구도 나에게 힘들다고 말하는 사람이 없었다. 그들은 이야기보따리를 풀어놓듯 하나님이 지진 가운데에서 어떻게 지키셨는지 이야기했다.

한 자매가 말했다.

“선교사님, 그날 아침에 집이 무너지는데 딸 손을 잡고 밖으로 뛰어나갔거든요. 무서울 줄 알았는데, 신기한 게 죽음 앞에 서 보니 구원받은 게 떠오르면서 제 마음이 너무 평안한 거예요. 딸이 막 울기에 제가 그랬어요. ‘너, 선교사님이 전해주신 말씀 기억하지? 우리에게 어려움이 찾아오는 것은 하나님이 우리를 도우시려는 거야. 하나님이 우리를 너무 사랑하셔서 독생자도 주셨는데, 반드시 우리를 도우실 거야.’ 말씀이 제 마음을 잡아주는데 참 신기하더라고요.”

말씀은 나뿐 아니라 성도들의 마음도 어려움 중에서 지키셨다. 자매의 이야기는 끝날 줄 몰랐다. 온 동네 사람들이 밖으로 나와 울부짖고 있는데, 자신은 피해를 가장 크게 입었는데도 태연하자 이웃들이 “집을 잃었는데 어떻게 그렇게 태연해요? 슬프지 않아요?”라고 물어, 자매는 자신의 마음에 빛이 되어 준 복음을 전했다고 한다.

라셀 자매는 2010년 아이티 대지진 때 수도에서 살았다. 자신의 집이 통째로 무너졌고, 지진이 얼마나 심했는지 전봇대에 있던 전선들이 마치 고무줄놀이를 하듯 위아래로 튕기었다고 한다. 자매는 모든 것을 잃고 트라우마가 생겨 오까이로 이사를 왔다. 그 후 우리 교회가 세워지면서 구원받아 하나님을 신실하게 섬기고 있었다. 내가 전도 집회를 하는 곳에 항상 따라다녔고, 전도를 제

오까이로 돌아와 지진 피해를 입은 성도들을 만났을 때, 모두 하나님의 은혜를 이야기했다.

일 많이 했다. 죽음 앞에 한번 서고 보니 자매 마음에서 복음이 더욱 소중했던 것이다.

그렇게 지내다 두 번째 지진을 만났다. 오토바이 택시를 타고 출근하던 중 땅이 크게 흔들렸다고 한다. 지진임을 직감하고 한쪽으로 피했는데, 희한하게 그 순간 자신이 구원받은 것이 떠올랐다고 한다. 첫 번째 지진 때에는 말할 수 없이 두려웠는데, 구원받은 것이 생각나자 마음이 평안해지는 자신이 신기했다고 한다. 자매는 앞으로 자신의 인생을 복음을 뒷받침하는 일에 쓰고 싶다고 간증했다.

제레미 형제는 축구하다가 지진을 만났다. 놀란 사람들이 혼비백산해 뛰는데 자신도 구원받은 것이 떠올라 정말 감사했다고 한다. 집에 금이 가 한동안 동네 사람들과 공터에서 지내야 했지만, 여진이 올 때마다 놀라며 두려워하는 사람들에게 복음을 전할 수 있었다고 했다.

성도들의 간증은 어두운 밤하늘에 빛나는 별들 같았다. 복음이 그들 마음에 빛이 되어, 아주 힘든 상황 속에 있었지만 담대히 복음을 전했다. 어려움은 오히려 많은 사람들이 구원받고 교회에 마음을 여는 계기가 되었다. 제레미 형제는 자신의 남은 삶을 이 귀한 복음을 전하는 일에 쓰고 싶다고 하며 기뻐했다.

드림대안학교 학생들 가운데 노티스가 있었다. 그의 부모님은 허름한 양철십에 살고 계셨다. 어느 날 노티스가 교회에 왔다가 구원을 받았고, 그 뒤 어린 여동생의 손을 꼭 잡고 한 시간씩 걸어 매일 교회에 왔다. 노티스가 사는 동네는 우범 지역이었다. 하루가 멀다 하고 범죄가 일어나는 곳에서 아직 어린 노티스와 여동생은 매일 불안하게 지내야 했다. 그런 노티스에게 교회는 빛이 되었다. 교회에 올 때면 너무 행복했다. 학교에서도 복음을 전해, 친구들이 목사라고 부를 정도로 노티스는 딴 사람이 되었다. 그 후 학교에 가지 못하게 되면서 노티스는 드림대안학교에 들어왔고, 우리와 함께 살았다. 아직 어렸지만 찬송 지휘, 성가대, 안내 등 교회 일을 도맡아 했다.

노티스의 집도 지진으로 무너졌다고 했다. 노티스는 가족들을 생각하며 울었다. 그 집에 찾아가 보니, 주저앉은 양철 지붕 아래 허리도 펴기 힘든 곳에서 가족들이 지내고 있었다. 빨리 집을 고쳐야 했다. 우리 학교 아이들은 늘 받기만 했는데 이제는 자신들도 누군가를 돕고 싶다고 했다. 우리는 목재와 천막을 사서 노티스 집으로 향했다. 무너진 양철을 걷어내고 땅을 고른 뒤, 나무를 세우고 천막으로 임시 집을 만들었다.

형제들과 학교 아이들이 집을 만드는 동안 나는 노티스 가족에게 복음을 전했다. 빛도 들어오지 않는 캄캄한 양철 지붕 아래서 노티스 가족은 눈을 반짝이며 말씀을 들었고, 구원을 받았다. 노티스는 뛸 듯이 기뻐했다. 집이 지어진 것보다 부모님이 구원받은 것을 더욱 감사해했다. 실의에 빠져 주름이 깊게 패인 그들의 얼굴이 환하게 펴지던 순간을 잊을 수 없다. 복음은 사람들에게 빛이 되었다.

임시 대피소에서 교회 식구들과 함께 3개월을 살았다. 하루 종일 구호 활동을 하고 사람들을 만나 복음을 전하고 학교 교실로 돌아오면, 복사열이 가득해서 도저히 안으로 들어갈 수 없었다. 한참을 밖에 있다가 들어가면 모기는 또 얼마나 많은지 잠을 제대로 잘 수 없었다. 게다가 여진이 자주 발생해 새벽에 사람들과 대피소 마당으로 피한 적이 한두 번이 아니었다.

밥도 제대로 먹지 못하는 날이 많았지만, 나는 성도들에게 힘

집이 무너진 성도들을 위해 교회 형제들, 드림대안학교 학생들과 임시 천막 집을 지어주었다.

이 되신 하나님을 보며 복음이 가져다주는 힘을 강하게 느꼈다. 그들의 간증을 듣고 그들의 가족에게 복음을 전하고 돌아오는 길은, 내 인생에서 가장 행복한 길이었다.

이럴 수가

지진이 발생하면 가장 필요한 것 가운데 하나가 물이다. 아이티는 수도 시설이 없는 곳이 많다. 대부분의 사람들이 우물에서 물을 길어 사용하는데, 기계가 아닌 손으로 판 우물이다 보니 우물이 깊지 않고 물이 깨끗하지 않다. 그리고 우물이 집집마다 있는 것이 아니어서, 물을 길어 오려면 한참을 걸어가야 하는 경우도 많다. 그런데 지진으로 그 우물들마저 훼손되어, 물을 구하는 게 정말 어려웠다. 그러나 하나님이 우리에게 필요한 것을 미리 준비해 두셨다.

몇 해 전에, 오까이에 있는 우물 회사 'Water for life 워터 포 라이프'의 사장님과 성경 공부를 하며 그분이 구원을 받았다. 사장님은 진리에 목말라 수많은 교회를 다녔다고 했다. 그런데 자신이 사장이다 보니 대부분의 교회에서 자기 영혼을 위해 진지하게 이야기하는 것이 아니라, 사람들 앞에서 자신을 치켜세우며 물질적인 도움을 받으려고 하는 것을 보면서 목회자들에게 염증이 생겨 어느 순간부터 교회에 가지 않게 되었다고 했다. 하지만 마음 한편에 여전히 영혼에 대한 목마름이 있었는데, 나와 성경 공부를 하다 구원받은 것이다.

"하나님이 선교사님을 나에게 보내 주셨습니다! 드디어 참된 하나님의 종을 만났어요!"

그는 굉장히 감격스러워했다.

"선교사님, 제가 매주 수요일에 직원들과 성경 공부를 하고 있었어요. 우리는 인도자가 없는데 혹시 선교사님이 수요일마다 우리를 위해 성경 공부를 인도해 주실 수 있나요?"

말씀을 듣고 싶어하는 사람들이 모여 있다는데 마다할 이유가 없었다. 그 뒤 나는 매주 수요일 그 회사에 가서 직원들에게 복음을 전했다. 사장님은 항상 맨 앞에서 말씀을 들었고, 성경을 한 구절 한 구절 읽고 설명할 때마다 소경이 눈을 뜨는 것처럼 놀라워하며 감탄했다. 성경 공부 모임에서 구원받는 사람들이 늘기 시작했다.

"선교사님, 일주일에 한 번은 적은 것 같은데 매주 월요일에도 성경 공부를 하면 어떨까요?"

사람들이 구원받자 말씀 듣는 것을 사모했다. 나는 매주 두 번씩 그 회사에 찾아가 성경 공부를 인도했다. 그렇게 1년이 지나자 직원들이 우리 교회 성도들처럼 느껴질 정도로 마음에서 가까워졌고, 대부분의 직원들이 구원받는 역사가 일어났다. 오까이에 우리 교회가 두 곳에 있는 것 같았다. 사장님은 회사에 중요한 자리가 있을 때마다 나를 초대해 말씀을 전해 달라고 하고, 기도를 부탁했다.

그 형제님이 우리 예배당 건물이 무너지고 내가 교회 식구들과 임시 대피소에서 지내고 있다는 소식을 듣고는 직접 물차를 몰고 대피소로 찾아왔다. 나를 보고 어찌나 반가워하시던지.

"선교사님, 이렇게 열악한 곳에서 지내는데 불편한 게 얼마나 많으시겠어요? 제가 다른 건 몰라도 물은 최우선적으로 공급해 드릴 테니 물 걱정은 하지 마세요!"

형제님은 깨끗한 물을, 우리가 지내고 있는 대피소의 모든 사람들이 쓸 수 있을 만큼 가져다주었다. 그것만이 아니었다. 우리 성도들이 머물고 있는 공터나 거리를 물은 뒤, 그곳에도 물차를 보내 주었다. 지진 후에는 물을 구하기 어렵고, 자연히 샤워나 빨래를 못 하다 보니 악취가 진동하고, 장티푸스나 콜레라 같은 전염병이 돌기 시작한다. 그 피해가 빠르게 확산되는데, 우리는 물을 우선적으로 공급받아 피해를 막을 수 있었다. 덕분에 같이 지내던 주민들도 우리와 함께 있는 것을 좋아했다. 어려운 환경 속이었지만,

위)매주 수요일 우물 회사 직원들과 성경 공부를 가져 대부분 구원받았다.
아래)우물 회사 직원들과(가운데 나이 많은 이가 회사 사장)

하나님이 우리가 겪을 어려움을 아시고 미리 그분을 구원해 돕게 하신 것이 정말 감사했다. 하나님의 손길은 세밀했다.

하필 그 시기가 대통령 암살 직후여서, 불법적인 자금이 유입되거나 유출될 것을 우려해 은행에서 현금 인출에 제한을 두었다.

사람들이 지진으로 입은 피해를 복구하고 여러 단체에서 구호 활동을 하기 위해서는 많은 돈이 필요했는데, 은행에서 인출 제한까지 두니 은행은 사람들로 발 디딜 틈이 없었다. 하루에 찾을 수 있는 돈이 겨우 200달러였다.

당시 우리에게도 한국을 비롯해 여러 나라에서 구호 후원금을 보내 주셨다. 구호는 시간이 생명이었다. 수도에서 오는 도로가 막혀 물자가 원활하게 조달되지 못해 나무 값이나 천막 값이 하루하루 치솟기 때문에 한시라도 빨리 서둘러야 했다. 하지만 은행에 며칠을 가도 찾을 수 있는 돈이 적어 구호를 제때 할 수 없어서 적잖이 당황스러웠다.

그즈음, 1년 전에 가진 희망 콘서트에 참석했다가 복음을 들은 UniBank 은행의 지점장님이 내가 오까이에 왔다는 소식을 듣고 연락을 주었다. 1년 전에 이분은 희망 콘서트에 크게 감동을 받아 개인적으로 나를 찾아왔고, 복음을 듣고 구원을 받았다. 자신이 성경에 관심이 많아 성경 공부를 계속 하고 싶다며, 매주 토요일에 자기 집에서 가족과 이웃들을 초대해 함께 성경 공부를 해줄 수 있느냐고 물었다. 나는 아내와 함께 토요일마다 그의 집에 찾아가 복음을 전했다. 그의 아내도 구원받고 우리 교회에 나와, 우리는 그 부부와 많이 가까워졌다. 그 형제님이 나에게 전화를 주었다.

"선교사님, 은행에 볼일이 있으면 아무 걱정 말고 전화 주세요. 제가 도와드릴게요."

형제님의 전화는 가뭄에 단비 같았다. 은행에 도착해 발 디딜 틈 없이 많은 사람들 사이에서 전화하니, 형제님이 경비원을 데리고 직접 내려와서 나를 지점장실로 안내했다. 내가 구호 활동을 해야 하는데 인출 제한 때문에 어떻게 해야 할지 모르겠다고 하자, "선교사님, 아무 걱정 마세요. 제가 도와드릴 수 있습니다." 하며 우리가 필요한 만큼 찾을 수 있게 해주었다. 그 돈으로 구호 활동을 신속하게 할 수 있었다. 피해를 입은 스물일곱 개 가정이 임시로 지낼 수 있는 천막집을 지어줄 수 있었다.

새로운 보금자리

언제까지 임시 대피소에서 지낼 수는 없었다. 형제 자매들의 집을 수리하면서 새로운 교회도 구해야 했다. 하지만 대부분의 집이 무너지거나 금이 가, 교회로 사용할 만한 넓은 마당을 가진 집을 찾는 것이 쉽지 않았다. 임시 대피소에는 예배를 드릴 수 있는 꽤 넓은 공간이 있었지만, 위치가 멀어 차가 없는 성도들은 예배를 드리러 오기 쉽지 않았다. 성도들은 우리가 교회 복구보다 자신들의 집을 먼저 복구하자, 모두 교회로 쓸 집을 찾기 위해 도시를 이잡듯 다녔다.

"선교사님, 집이 하나 나왔어요! 같이 보러 가요!"

한 형제가 달려와 말했다. 가서 보니, 우리 교회가 있던 곳의 맞은편 골목이었다. 도시 중앙이어서 성도들이 오기에 좋고, 담만 몇 군데 무너졌을 뿐 건물에는 금도 하나 가지 않은 튼튼하게 지어진 집이었다. 마당은 이전 교회보다 두 배는 넓었다. 족히 200명은 모일 수 있는 마당이었다. 게다가 집세까지 저렴해 모든 것이 완벽했다.

다만, 마당 한가운데에 장대 같은 야자수가 떡하니 자리를 잡고 있는 것이 흠 아닌 흠이었다. 주인에게 마당에 예배당을 만들려고 하는데 나무를 베어도 되느냐고 묻자, 단호하게 거절했다. 야자수는 아이티 국기에도 새겨져 있는 나무로, 아이티 사람들은 대부분 야자수를 신성시한다. 그 나무는 오랫동안 집과 함께 자라온 야자수였다.

"다른 것은 마음대로 해도 되지만 이 야자수만큼은 안 됩니다. 우리 집을 지켜 주는 소중한 나무예요."

아쉬웠지만 길이 없었다. 그런 좋은 위치에 그만한 마당이 있는 집을 그 가격에 구하는 것은 불가능에 가까운 일이었다. 나무를 가운데에 둔 채로 예배당을 만들면 될 것 같았다. 그렇게 집주인과 합의한 뒤, 다음 날 계약서를 쓰기 위해 다시 찾아갔다.

직장에서 퇴근한 주인이 열쇠를 들고 와서 대문을 열고 집에 들어서다가 깜짝 놀랐다. 누가 간밤에 야자수를 베어버린 것이다. 나무 밑동에는 도끼질 자국이 가득했고, 야자수는 힘없이 한쪽으로 쓰러져 있었다.

"지금까지 이 집에 도둑이 든 적이 한 번도 없었는데…."

주인은 허탈해했다. 간밤에 누가 무너진 담으로 들어와서 야자수를 베었던 것이다. 나는 이해가 가지 않았다. 주인은 야자수 윗부분을 살폈다. 야자수 위쪽에 먹을 수 있는 부위가 있는데, 그것이 굉장히 비싸게 팔린다고 했다. 그런데 도둑은 나무만 잘라놓았을 뿐 어떤 것도 손대지 않았다.

"지금까지 이런 일이 없었는데, 당신들이 여기에 예배당 만드는 것을 하나님이 기뻐하시는 것 같네요. 마음껏 쓰세요."

우리는 보면서도 믿을 수 없었다. 나중에 형제들과 함께 밑동을 제거했는데, 장장 네 시간 동안 도끼질을 해야 할 만큼 단단했다. 우리는 도끼질을 하면서도 하나님이 이해할 수 없는 방법으로 도우시는 것에 감사했다. 야자수에 달린 비싼 열매로 오랜만에 교회 식구들과 몸보신을 했고, 커다란 몸통은 잘라서 숯으로 사용했다. 우리는 작은 부분에서도 하나님이 도우시는 것을 볼 수 있었다.

잊을 수 없는 한 사람

예배당 공사를 본격적으로 시작했다. 오랫동안 쓰지 않은 집이어서 손봐야 할 곳이 많았다. 페인트칠을 하고 마당에 시멘트 콘크리트를 치려고 하는데 변수가 생겼다. 지진 이후 오까이에는 전기가 아예 없었다. 공사를 하려면 기계를 써야 할 일이 많아 발전기를 사용해야 했다. 그런데 갱단들이 길을 막아 수도에서 오까이까지 기름이 공급되지 않았다. 기름값이 하루하루 치솟았다. 어떤 날은 주유소에서 8시간을 기다렸지만 기름을 구하지 못하기도 했다. 기름이 없으면 자재를 운반할 차를 움직일 수 없고, 발전기도 사용할 수 없었다. 돈이 있다고 기름을 살 수 있는 상황이 아니었다. 여기저기 알아보아도 기름을 구할 길이 보이지 않았다. 어렵게 구한 집이었지만, 공사를 더이상 진행할 수 없었다.

그 무렵, 한국에 있는 한 고등학교에서 학생들에게 강의를 해 달라고 요청해 왔다. 온라인으로 강의하려면 전기와 인터넷이 필요하기에 그런 장소를 찾아야 했다. 한참 돌아다니다 보니 한 호텔에서 불빛이 반짝이는 것이 보였다. 호텔이라고 해봐야 한국의 여관 정도도 안 되는 곳이지만, 불이 들어온다는 것은 전기가 있다는 말이었다. 호텔에 들어가 지배인에게, 잠시 인터넷을 써야 하는데 로비 한쪽에 앉아서 인터넷을 사용해도 되느냐고 물었다. 지배인은 흔쾌히 허락해 주었다.

전기 공급이 고르지 않아서 로비에 있는 등이 희미하게 깜빡깜빡거렸지만, 그 정도 장소를 구할 수 있는 것도 행운이었다. 기쁜 마음으로 학생들에게 한 시간 강의한 뒤, 지배인에게 감사 인사를 하고 나가려는데 누가 나를 불러 세웠다.

"어느 나라에서 왔어요? 여기엔 왜 있는 거예요?"

호기심을 보이는 그에게 대답했다.

"저는 한국에서 온 선교사이고, 오까이에서 선교하고 있습니다. 이번 지진으로 우리 예배당이 무너지고 성도들의 집이 무너져서 현재 구호 활동 및 예배당 공사를 하고 있습니다."

"그럼 지금은 어디서 지내요?"

외국인이 거의 없는 도시여서 그런지, 그의 질문은 계속되었다.

위)성도들 집 복구를 마친 뒤, 하나님이 주신 좋은 집 마당에 예배당을 만들었다.
아래)새로 만든 예배당에서 교회 성도들과 함께.

"임시 대피소에서 교회 식구들과 함께 지내고 있습니다."

그는 깜짝 놀랐다.

"세상에, 외국인이 임시 대피소에서 아이티 사람들과 살고 있다고요? 불편하지 않아요?"

힘들지만 하나님이 어떻게 우리를 돕고 지키시는지 이야기하자, 그가 말했다.

"저는 이 도시 사람이지만 당신처럼 못 살아요. 우리 도시를 위해 일하는데 내가 도울 수 있는 게 있다면 돕고 싶네요."

말을 마치고 한 직원에게 기름을 가져오라고 하자, 그가 기름이 가득 찬 통을 들고 왔다. 나는 깜짝 놀랐다. 주유소에서도 구하지 못하는 귀한 기름을 주다니…. 그는 빙그레 웃었다.

"선교사님, 저는 이 도시에서 사업을 세 개 하고 있습니다. 하나는 이 호텔이고, 다른 하나는 렌터카 사업입니다. 렌터카 사업을 하다 보니 비축해둔 기름이 있습니다. 외국인 선교사가 우리 도시를 위해 일하는데 제가 당연히 도와야 하지 않겠습니까?"

하나님이 준비해 두신 사람임을 알 수 있었다.

"사장님, 저는 구호 활동을 하고 있지만 복음을 전하는 선교사입니다. 귀한 기름을 주시는데 사장님께 꼭 하나님 이야기를 해드리고 싶습니다."

그는 흔쾌히 주말 저녁에 호텔로 오라고 했다. 덕분에 차에도, 발전기에도 기름을 채울 수 있었다. 길이 없어 보였지만 하나님이 우리를 세밀하게 인도하셨다. 그 후로도 사장님은 기름이 떨어질 때마다 기름을 제공해 주었다. 덕분에 우리는 제시간에 공사를 끝낼 수 있었다.

주말이 되어 호텔에 들렀다. 해는 이미 자취를 감춘 지 한참이었다. 사장님은 옥상 테라스에서 나를 기다리고 있었다. 손에는 맥주가 들려 있고, 얼굴에는 취기가 올라와 있었다. 이미 많이 마셨는지, 여기저기에 빈 맥주 캔들이 보였다. 순간 성경에 관심이 없는 것 같아 염려가 되었지만, '하나님이 이분을 통해서 우리를 도우셨는데 담대히 복음을 전해야겠다'는 마음이 들었다.

나는 성경을 펴고 복음을 전하기 시작했다. 내 우려와 달리 사장님은 내가 성경 구절을 읽을 때마다 하나하나 적으면서 말씀을 진지하게 들었다. 한 시간쯤 흘렀을까, "예수님이 나를 대신해 십자가에서 돌아가셨네요. 그분이 나의 모든 죄를 사하셨네요!" 하며 사장님이 복음을 받아들였다. 꿈만 같았다.

사장님은 그제야 자신의 이야기를 꺼냈다.

"저는 이 도시에서 가장 큰 저택을 가지고 있어요. 사업도 세 개나 하고 있고요. 남부러울 것 없는 인생을 살고 있지요. 그런데 저는 마음의 병을 가지고 있어요. 돈이 많다 보니 갱단들의 표적이 되었지요. 저는 이 도시를 벗어난 적이 없습니다. 불안감이 늘 쫓아다니거든요. 저는 돈을 많이 벌면 행복할 줄 알았어요. 그래서 미친듯이 일만 했지요. 그런데 몇 년 전에 아내가 저를 떠났어요. 제가 가정을 돌아보지 못했거든요. 하나밖에 없는 딸은 엄마와 캐나다로 유학을 갔고요. 그때부터였어요. 저에게 공황장애가 생긴 것이요."

그는 후회하는 듯했다.

"딸이 미칠 듯이 보고 싶었지만 공황장애로 비행기를 탈 수 없었어요. 그래서 몇 년 동안 딸을 보지 못했어요. 그 아이는 저에게 전부였거든요. 큰 집에 덩그러니 혼자 남겨졌어요. 밤이 무섭고 외롭더군요. 술을 마시지 않으면 도무지 잠이 오지 않았어요. 매일 밤, 정신을 잃을 정도로 술을 마시기 시작했어요. 술기운 덕에 불안함이 조금이나마 사라지는 것 같았거든요."

그제야 그가 술을 마시고 있는 이유를 알 수 있었다.

"언제부턴가는 집에서 자는 것도 두려워지기 시작했어요. 외로움이 지독했거든요. 결국 저는 큰 집을 놔두고 호텔방에서 생활하고 있어요. 사람들은 나에게 다 가지고 있으면서 왜 그렇게 힘들어하느냐고 물었죠. 누구도 나를 이해해 주는 사람이 없었어요. 마음의 병은 점점 더 깊어져 갔고요. 그런데 오늘 선교사님이 나에게 가장 귀한 선물을 주셨어요. 그것은 하늘에 있는 집이었어요. 그리고 이처럼 망가진 나를 사랑하신 주님의 사랑을 바라보게 하셨어요. 저는 오늘을 잊을 수 없을 겁니다."

그의 목소리에 생기가 돌았다.

"선교사님, 괜찮으시면 여기서 지내시는 건 어떠세요? 방을 하나 준비해 드리겠습니다. 보니까 식사도 제대로 못 하시는 것 같던데, 여기서 저와 함께 식사도 하고 저녁에는 성경 이야기를 계속 해주실 수 있을까요?"

졸지에 나는 호텔에서 생활하게 되었다. 종일 공사하고 고단한 몸을 이끌고 호텔로 가면 사장님이 따뜻한 음식을 준비해 놓고 나를 기다리고 있었다. 매일 그와 성경 공부를 하며, 얼굴에 짙게 배어 있던 그림자가 조금씩 걷히는 것을 보았다.

구원받은 호텔 사장과

"선교사님, 어제는 몇 년 만에 술을 안 먹고 잤어요. 술 없이 푹 잔 건 정말 오랜만이에요. 하나님이 내 마음에 쉼을 주시네요. 이 말씀을 딸에게도 전해주고 싶어요."

그는 매일 성경 공부를 마치면 그날 들었던 성경 구절들을 딸에게 보냈다. 하루는 딸이 내 얼굴을 보고 싶다고 해서 영상 통화를 하기도 했다.

"선교사님, 우리 아빠가 저렇게 웃는 건 정말 오랜만이에요. 우리 아빠에게 복음을 전해 주셔서 감사해요."

하나님이 그를 구원하시기 위해 나를 그 호텔로 인도하셨음을 분명히 느낄 수 있었다. 그날 이후 그는 만나는 사람들에게 전도하기 시작했다.

"선교사님, 오늘은 우리 호텔 지배인에게 복음을 전해 주세요."

나는 지배인에게 저녁 내내 복음을 전했고, 그도 구원을 받았다.

"사장님이 갑자기 너무 다른 사람이 되어서 신기했어요. 도대체 무엇 때문에 저렇게 달라졌을까 궁금했는데, 주님의 사랑이 그 분을 바꾸신 거였네요."

나는 다른 직원들에게도 복음을 전했고, 호텔에 근무하는 대부분의 사람들이 구원받는 역사가 일어났다. 호텔방에 들어와 잠을 자려고 침대에 누우면 말할 수 없이 행복했다. 하나님이 나를 그곳에 인도하셨다는 사실이 마음에 더없는 기쁨을 주었다.

드디어 예배당 공사를 마치고, 나는 오까이에서 수도로 가야 했다. 사장님은 '하나님의 종이 가시는데 자신이 공항까지 모셔다 드리겠다'라고 했다. 그리고 다음 날 새벽에 자신이 가지고 있는 차 중에서 제일 좋은 차로 나를 공항까지 데려다 주었다.

"선교사님, 앞으로 이 도시에 오실 일이 있으면 언제든지 저에게 연락하세요. 이 호텔은 선교사님의 집입니다."

안녕 오까이

3개월 동안 오까이에서 지냈던 시간이 떠오른다. 어려움은 곳곳에 도사리고 있었고 소리 없이 찾아왔지만, 그곳에 복음을 전하게 하신 분은 하나님이셨다. 모든 것이 하나님의 뜻이었다. 막막해 보였지만 발을 내디뎠을 때 하나님은 당신의 뜻을 당신이 이루어 가셨다. 나는 그저 하나님이 어떻게 일하시는지를 바라보는 증인이었다. 성도들을 지키시는 하나님, 우리를 도우시는 하나님을 발

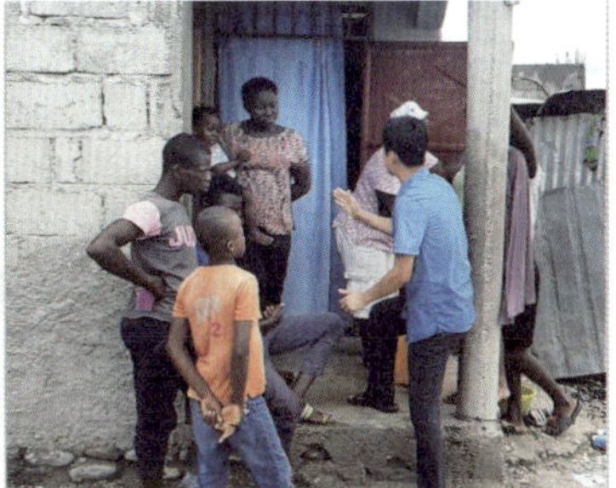

지진 복구 활동을 하면서 틈틈이 사람들을 찾아다니며 복음을 전했다.

견하는 순간마다 모든 피로가 씻겨 나가고 소망이 마음을 가득 채웠다. 무엇보다 수많은 사람들에게 복음을 전하면서, 그들의 마음과 삶을 바꾸시는 하나님을 생생히 목격할 수 있었다.

감옥에 들어갔을 때 나는 깊은 구렁텅이에 빠진 것 같았고, 갱단의 습격을 받았을 때에는 모든 것이 끝난 것 같았다. 다시 일어설 힘이 없었다. 그런데 하나님은 당신의 종을 통해 나를 다시 일으켜 세우셨다.

드림대안학교 아이들도 나와 같이 성장했다. 늘 어리게만 보았던 아이들이 오까이에 지진이 발생했을 때 구호 활동에 앞장서서 성도들을 도우며 복음을 전했다. "차라리 죽는 게 나아요." 그 아이들과 처음 만났을 때 자주 들었던 말이다. 어느덧 3년의 세월이 흘렀고, 아이들은 여전히 학생이었지만 또한 작은 선교사들이었다. 가족들과 친구들에게 복음을 전하며 마음을 다 쏟아 우리를 도왔다. "저도 선교사님 같은 사람이 되고 싶어요." 내가 들어본 말

중 가장 잊혀지지 않는 말이다. 누구보다 엉망이고 어둡게 살았던 나를 하나님은 당신의 도구로 사용하길 원하셨다. 아이들 또한 하나님이 당신의 도구로 사용하실 것이다.

'이 아이들이 10년 후, 20년 후에 가라지가 많은 아이티 사람들에게 알곡이 되신 주님을 바라보게 하는 날이 오겠지?'

나보다 더 아이티와 오까이를 사랑하시는 주님, 그곳 사람들을 세밀하게 지키고 도우시는 하나님, 그 하나님이 오까이의 성도들과 드림대안학교 아이들을 훌륭하게 인도하실 것을 소망한다. 안녕, 오까이.

9장

새로운 곳으로

새로운 곳으로

안녕 윌센

2022년 1월, 우리 가족은 아이티 수도의 한 지역인 따바 Tabarre라는 도시에 교회를 개척했다. 정든 오까이를 떠나야 한다는 것에 아쉬움도 있었지만, 하나님이 오까이를 사랑하시고 도우시는 것을 보니 마음은 가벼웠다. 오까이에서 우리와 함께 사역했던 윌센 전도사 부부가 교회와 드림대안학교를 맡기로 했다.

월센이 우리를 처음 만난 것은 2012년이었다. 당시 50여 명의 학생들이 구원받아 매일 교회에 왔다. 워낙 특이한 학생들이 많았기에, 말이 없고 조용한 성격의 윌센은 내 기억 속에 없었다. 그가 내 기억 속에 들어온 것은 무전 전도 여행을 가는 날이었다. 처음으로 청년, 학생들과 함께 무전 전도 여행을 가려고 공지했을 때 윌센도 지원했다. 그리고 전도 여행을 다녀온 뒤 윌센이 한 간증은 아직도 내 마음속에 남아 있다.

"구원받기 전 제 삶은 무척 불행했어요. 먹을 게 없어서 숱하게 굶었고, 고등학교도 졸업할 수 없었어요."

윌센의 깡마른 몸이 그의 아픔을 대변해 주는 것 같았다.

"차라리 죽는 게 더 낫다고 생각했어요. 하지만 막상 죽으려고 하면 겁이 났어요. 비참하게 하루하루를 살았고, 아무 소망이 없었어요. 그렇게 지내다가 우연히 이 교회에 왔고, 구원을 받았어요. 그때부터 내 마음에서 새로운 마음이 자라기 시작했어요. 예수님의 피로 내 모든 죄를 씻음 받고 천국에 갈 수 있다는 사실이 저에게 큰 소망을 가져다주었어요. 어느새 전도하고 있는 나를 보았어요. 나는 그런 사람이 아니었어요. 복음이 가져다주는 기쁨이 정말 컸어요."

그의 얼굴에 슬픔은 없었다.

"특히 이번 무전 전도 여행을 통해서 확신할 수 있었어요. 하나님이 복음 전하는 것을 기뻐하신다는 것을요. 그리고 나 같은 사람을 통해서도 복음 전하기를 원하신다는 것을요."

윌센은 신학교에 입학했고, 전도자가 되었다. 그의 얼굴에서는 더이상 근심을 찾아볼 수 없었다. 그는 우리와 함께 오까이에서 사역을 시작했다. 윌센은 우리가 어디를 가든지 함께했다. 가장 든든한 동역자이자 형제였다. 드림대안학교 아이들을 마음으로 돌보았고, 그를 통해서 많은 사람이 복음을 듣고 변화되었다.

윌센 전도사 가족

3년 뒤, 윌센은 팔론 자매와 결혼해서 가정을 이루었다. 형제 자매들은 자신의 결혼식인 것마냥 윌센 부부를 아낌없이 축하해 주었다. 결혼하고 사랑스런 아이가 태어났지만 몸이 약했다. 아이는 자주 꺼져가듯 숨을 내쉬었다. 병원에 가서 검사해 보니, 심장이 기형이라고 했다. 오까이에는 심장을 치료할 수 있는 병원이 없어서 수도에 있는 큰 병원으로 옮겨야 했다. 그런데 그 병원에는 구급차가 없어서, 아이에게 산소 호흡기를 씌운 뒤 다른 병원에 급히 구급차를 요청했다. 뒤늦게 구급차가 도착했을 때에는 아이가 이미 세상을 떠난 뒤였다. 아이가 숨을 멈추자 팔론은 쓰러졌다. 윌센의 커다란 눈에서는 굵은 눈물방울이 하염없이 흘러내렸다. 내 아내는 아이를 받아들고 서럽게 울었다. 아이를 잃은 부모의 슬픔은 감당하기 힘든 것이었다.

장례식에는 팔론의 가족들, 수도 교회의 식구들이 함께했다. 슬픔에 잠겨 있는 아이의 엄마를 교회 식구들이 위로했다. 젊어서 아이 둘을 잃은 모친, 사고로 불구가 된 형제, 지진으로 한순간에 모든 것을 잃은 자매 등이 팔론을 위로했다. 그들은 내가 상상하기 힘든 시간을 걸어온 사람들이었다. 죽고 싶을 만큼 아픈 시간을 겪은 성도들이 팔론을 온 마음으로 위로하며 안아 주었다.

먼 지방에서 딸의 아픔을 위로하러 온 팔론의 아버지와 가족들에게 나는 복음을 전했고, 팔론의 아버지가 구원을 받으셨다. 장례식을 마친 후 팔론이 입을 열었다.

"어려울 때 함께해 주는 교회를 만나 너무 감사해요. 같이 울고 안아 주어서 고마워요. 아이는 떠났지만 아버지가 구원받을 수 있게 선물을 주고 갔어요. 나는 이제 더이상 슬퍼하지 않을 거예요. 어린아이들에게 복음을 전하고 싶어요."

하나님은 나뿐 아니라 윌센 부부도 절망 속에서 건져내셨다. 그날 이후 팔론은 주일학교에 마음을 다 쏟았다. 우리가 드림대안학교를 시작했을 때 팔론은 누구보다 힘있게 아이들에게 복음을 전했고, 많은 아이들이 팔론을 통해서 구원을 받았다.

다음해에 하나님은 윌센 부부에게 쌍둥이를 허락하셨다. 그 소식은 우리에게 두 배의 기쁨을 선사했다. 신기하게도 쌍둥이들은 나와 같은 날 태어났다. 나는 꼭 내 아이들이 태어난 것처럼 기뻤다. 하나님이 그렇게 윌센 부부를 위로하셨다.

"선교사님, 아이들 이름을 지어 주세요. 훗날 이 아이들이 자기 이름을 지어준 사람이 누구냐고 물으면, 저는 선교사님에 대해 이야기를 해주고 싶어요.

나는 아이들의 이름을 한국말로 지어 주었다. '지혜' 그리고 '은혜'. 윌센 부부는 아이들의 한국 이름을 정말 좋아했다. 선물 같았던 아이들을 만난 그날을 잊을 수 없다.

우리가 오까이를 떠나면 윌센 부부가 남아 우리를 이어서 사역하기로 했다. 하나님이 윌센 부부를 인도하시는 것을 분명히 보았기에 오까이를 떠나면서 마음이 가벼웠다. 지금까지 하나님이 그들을 인도하셨듯이 앞으로도 인도하실 것이 분명했기 때문이다. 지금도 윌센 부부의 얼굴을 떠올리면 저절로 입가에 미소가 지어진다.

안녕 따바

따바는 수도에서 약간 외곽에 위치한 도시다. 많은 사람들이 살고 있지만, 성도들의 연고자는 없었다. 새로운 도시로, 다시 처음부터 시작해야 했다. 하지만 하나님이 그곳에서도 놀라운 일들을 예비해 두셨을 것을 생각하니 가슴이 두근거렸다. 특히 한국에 갔다가 코로나 사태가 터져 2년 넘게 만나지 못했던 아이들이 아이티로 돌아오게 되어 나는 더욱 설레었다. 아이들은 내가 어디를 가든지 항상 따라다니며 아빠가 복음 전하는 것을 보고 싶어했고, 자랑스러워했다. 사랑하는 아내와 이제는 제법 큰 아이들과 함께 복음을 전할 생각이 나를 잠 못 이루게 했다.

텅 빈 집을 단장하고 사람들이 찾아올 수 있게 예배당을 꾸미는 일은 피곤하지 않았다. 사람이 없어서 물건을 사는 것부터 페인트칠까지 다 직접 해야 했지만, 훗날 그곳에 사람들이 모여서 하나님을 찬양할 것을 생각하니 시간 가는 줄 모르고 밤낮없이 일했다.

아내와 아이들도 함께했다. 오랜만에 뭉친 우리 가족은 웃음소리가 끊이지 않았다. 한국말이 부쩍 는 아이들은 아빠를 돕겠다며 일들을 거들었다.

예배당 정리가 어느 정도 된 후, 교회 개척 집회를 준비했다. 마당이 넓은 가정집에 교회를 꾸몄기에 주민들은 그곳이 교회인지 몰랐다. 전단지를 만들어 사람들에게 전도하러 나갔는데, 사람들의 반응이 어두웠다.

“여기가 어떤 동네인지 아세요? 이 도시에는 갱단이 있어요. 사람들은 모두 이 동네를 위험한 곳이라고 해요. 여기서 교회 하면 아무도 못 가요.”

주민들은 하나같이 그곳이 위험한 동네라고 말했다. 알고 보니, 1년 전쯤에 갱단이 동네 안쪽에 자리를 잡았다고 했다. 아이티에는 수십 개의 갱단이 있는데, 어떤 갱단은 동네 주민들에게는 위해를 가하지 않는다. 그런데 이 갱단은 동네 주민이든 외지인이든 가리지 않고 납치하고 협박해 질이 나쁘기로 유명했다.

하루는 아이들이 집안에만 있은 것을 답답해해 잠깐 걸으려고 아이들과 길을 나섰는데, 마을 사람들이 달려왔다.

“선교사님, 여기는 당신 같은 외국인이 돌아다니기에는 위험한 곳이에요. 빨리 집으로 돌아가세요!”

우리는 집밖으로 나갈 수 없었다. 전단지를 받고 호의적인 이야기를 하는 사람은 하나도 없었다. 앞이 캄캄했다. 주민들은 문을 잘 열어주지 않았고, 서로를 극도로 경계했다. 아이티에서 10년 동안 살았지만 그런 동네는 처음이었다. '전도를 못 하면 집회를 어떻게 하지? 집회를 하면 사람들이 오기나 할까?' 사람들이 한 이야기들이 내 마음을 더욱 어둡게 했다.

너희는 세상의 빛이니

문득 '그런데 하나님도 우리가 온 이곳에 갱단이 있는 줄 모르셨을까?'라는 생각이 들었다. 나는 그곳이 어떤 동네인지 몰랐지만, 하나님이 그 사실을 모른 채 우리를 오게 하셨을 리 없었다. '하나님은 분명히 이곳이 위험한 곳인지 아셨을 텐데, 여기 갱단이 있는지 아셨을 것이고 얼마든지 우리를 못 오게 막으실 수도 있었을 텐데….'

생각이 거기까지 미치자 말씀이 떠올랐다. "너희는 세상의 빛이라." 예수님은 우리를 빛이라고 하셨다. 빛은 언제 필요한가? 밝을 때가 아니라 어두울 때 필요하다. 주님은 내 인생이 가장 어두울 때 나에게 빛이 되셨고, 내가 넘어지고 쓰러져 있을 때에도 빛이 되어 나를 일으키셨다. 주위 사람들이 하는 이야기는 온통 어두웠다. 그제야 나는 우리가 자리를 잘못 잡은 것이 아니라, 그곳이 너무 어두운 곳이기에 주님이 우리를 그곳으로 인도하셨음을 알았다. 어두운 방에 불이 켜진 것처럼 새로운 마음이 일어나기 시작했다.

'그래, 캄캄할 때 빛이 필요하듯 여기가 어둡고 절망스러운 곳이니까 우리가 복음을 전해야 하는구나. 하나님이 우리를 이곳으로 보내셨구나. 복음을 전하면 이 동네가 빛으로 밝아지겠다. 사

람들 마음에 소망이 생기고 기쁨이 일어나겠다.'

긴장감이 가득한 동네에 복음이 전해지면 달라지겠다는 마음이 들었다. 반드시 집회를 해야 했다. 한 사람이 오더라도 우리는 그곳에서 복음을 전해야 했다. 그것이 하나님의 뜻이니까.

교회에는 우리 가족 다섯 명을 비롯해 베나 전도사 부부, 오까이에서 온 신학생 둘, 그리고 드림대안학교를 졸업한 남학생까지 모두 10명이 있었다. 그 인원으로 예배당 공사를 하면서 집회를 준비하기에는 사람이 부족했다. 아이티에는 일거리가 많지 않아서 노는 사람들이 많다. 우리는 동네 청년들을 불렀다.

"우리가 다음 주에 이곳에서 집회를 하려고 하는데 전단지를 나눠줄 사람이 없어요. 혹시 전단지를 돌려줄 수 있나요?"

우리를 전혀 모르는 청년들이 흔쾌히 같이 하겠다며 전단지를 나눠주었다. 그들은 집집마다 방문하고 학교를 돌아다니며 사람들을 초청했다. 어떤 청년은 교회에 와서 페인트칠이나 마당 정리를 돕기도 했다. 어설펐지만 하나님이 조금씩 길을 열어 가시는 것이 보였다.

아이티에는 굶는 사람들이 많다. 하루 세 끼를 먹는 사람은 보기 힘들 정도다. 보통 두 끼를 먹고, 그마저도 먹지 못하는 사람들이 많다. 우리는 집회 때 사람들에게 대접할 식사도 준비했다. 집회 때만큼이라도 따뜻한 밥 한 끼를 주고 싶었다. 그런데 식사 준비까지 하려니 일손이 많이 부족했다. 장도 봐야 하고, 식재료 손질도 해야 했다. 100명 분의 음식을 준비하는 것이 일이 여간 많은 게 아니었다. 동네 아주머니들에게 도움을 구했다. 그러자 아주머니들이 집에 있는 냄비나 솥을 들고 교회로 왔다. 동네 사정을 잘 아는 아주머니들은 장을 보는 것부터 식재료 손질까지 기꺼이 도와주었다. 그런 경험은 처음이었다. 우리가 할 수 없어서 도움을 요청했는데, 하나님이 사람들의 마음을 움직여 주셨다.

좋은 동네

드디어 첫 집회를 시작하는 날이 되었다. 우리 아이들도 예배당에 깔린 의자들을 손걸레로 닦으며 손을 거들었다. 집회 시작 시간인 오후 3시, 뜨거운 한낮이지만 사람들이 계속 들어오기 시작했다. 예배당에 가득 차 땀을 닦는 사람들을 보며 가슴이 터질 것 같았다. 나중에는 자리가 모자라서, 마을 사람들이 집에 있는 의자를 서너 개씩 들고 와야 했다.

양철 지붕 아래 예배당은 열기가 가득했지만, 사람들은 말씀을 정말 진지하게 들었다. 아무도 일어서는 사람이 없었다. 내 평생 그렇게 말씀을 잘 듣는 사람들은 본 적이 없을 정도였다. '하나님, 이렇게 많은 사람들이 말씀을 기다렸네요!' 나는 말씀을 전하는 내내 가슴이 벅찼다. 하나님은 나흘 동안 매일 150명이 넘는 사람들을 보내 주셨다. 분명히 오겠다는 사람이 한 사람도 없었는데 어디서 그렇게 많은 사람들이 온 건지, 보면서도 믿을 수 없었다. 많은 사람이 4일 동안 말씀을 듣고 구원을 받았다. 간증이 끊이질 않았다.

"동네에 갱단이 들어온 후 나는 저주를 받았다고 생각했어요. 다른 곳으로 갈 데도 없고, 늘 불안에 떨며 살아야 했어요. 내 인생은 끝났다고 생각했어요. 그런데 이번 집회에 참석해서, 하나님이 나를 구원받게 하려고 이런 어려움을 허락하셨다는 것을 알게 되었어요. 이런 문제가 없었다면 저는 구원받지 못했을 거예요. 나를 위해 돌아가신 예수님, 나를 사랑해 자신의 모든 것을 주신 나의 주님께 감사와 영광을 돌립니다."

갱단 '때문에'라고 생각했던 사람들이 갱단 '덕분에' 구원받았다고 간증했다. 말씀은 불안 속에서 사는 그들 마음에 빛이 되었다. 그들을 구원하신 예수님을 발견하게 하였다. 놀라운 일은 계속 일어났다.

"우리 동네는 좋은 동네예요! 참된 교회가 있고, 예수님이 함께 하시니까요!"

마을 사람들의 말이 달라지기 시작했다. 늘 '우리 동네는 안 좋아, 우리는 불행해'라고 하며 어둠 속에 있던 사람들의 마음에 빛이 비춰니, 그들이 자신들과 함께 있는 예수님을 이야기하기 시작했다. 그 예수님이 그들이 가질 수 없는 마음을 갖게 해주셨다. 소망은 들불 번지듯 번져갔다. 구원받는 사람이 늘어나고 소망이 확산되자 거리에 활기가 돌기 시작했다.

"한 번도 가져보지 못했던 마음이 생겨요. 우리 동네가 다르게 보여요."

빛이 가져다주는 힘은 어마어마했다.

새로 개척한 따바 교회에서 가진 집회에 많은 사람들이 찾아와 예배당을 가득 채웠다.

밤늦도록 공사하고 오후에 두 시간 가까이 말씀을 전하고 나면 머리가 빙글빙글 도는 듯했다. 자리에 누울 때면 모든 기력이 빠져나간 것처럼 쓰러지듯 잠이 들었는데, 젖 먹이는 엄마가 아이에게 젖을 먹이고 나면 다시 젖이 차오르듯 다음 날이 되면 언제 그랬냐는 듯이 일어날 힘이 생겼다. 하루하루가 기쁨이었다. 수많은 사람들이 변화되는 것을 눈으로 보고 피부로 느끼는 것이 얼마나 큰 기쁨을 주는지 몰랐다. 4일이 쏜살같이 지나갔다.

"세상에, 선교사님 부부가 아이티에 온 지 10년이나 되었는데 왜 저는 이런 말씀을 한 번도 들어본 적이 없을까요? 저 같은 사람이 없도록 앞으로 저도 같이 전도하고 복음을 전할 거예요."

쏟아지는 간증들을 들으며 이대로 집회를 마치면 안 되겠다는 마음이 들었다. '아직도 얼마나 많은 사람들이 복음을 못 들어 괴로워하고 있을까?' 집회를 계속해야 했다. 나는 집회 마지막 날 선포했다. "우리는 다음 주에도 집회를 하겠습니다. 앞으로 매주 쉬지 않고 집회를 하겠습니다." 사람들은 박수를 치며 기뻐했다.

'당장 다음 주에는 또 어떻게 식사 준비를 하지? 전도는 어떻게 해야 하지? 사람들이 다음 주에도 올까?' 사탄은 나에게 집회를 못 할 이유들을 쉴 새 없이 나열했지만, 한 가지 사실은 분명했다. '복음을 전하는 것이 하나님의 뜻이고, 우리가 복음을 전하면 하나님이 반드시 도우신다.' 그 사실을 의지해 한 발 내디뎠을 뿐인데 놀라운 일이 일어나기 시작했다.

꿈인가

첫 집회 때 구원받은 가브리엘 자매님이 나를 찾아왔다.

"선교사님, 아이티 사람들은 찬송을 굉장히 중요하게 생각해요. 말씀은 참 좋지만 찬송도 함께 있으면 더 좋을 것 같아요. 다음 주

첫 집회에서 구원받은 사람들이 자발적으로 합창단을 만들어 '새언약 합창단'이 탄생했다.

에도 집회를 계속하려면 합창단을 만들어 보면 어떨까요?"

나는 자매님에게, 그렇게 하면 정말 좋겠지만 사람이 없는데 합창단을 만들 수 있겠느냐고 물었다. 자매님은 그럴 줄 알았다는 듯 대답했다.

"안 그래도 다음 주부터 집회를 계속 한다는 이야기를 듣고 제가 이번 집회 때 구원받은 사람들 중에서 합창으로 봉사할 사람들을 모집했어요. 벌써 20명이나 신청했다고요!"

믿을 수가 없었다. 이제 첫 집회를 했는데, 20명의 합창단이라니! 우리는 그렇게 '새언약 합창단'을 시작했다. 어린 학생부터 중년까지 다양한 사람들이 모였다. 개중에는 악기를 다룰 줄 아는 형제도 있고, 지휘를 전공한 자매도 있었다. 하나님이 모든 것을 준비해 두셨다.

합창단은 매일 교회에 와서 연습했다. 비록 이제 막 결성된 합창단이지만 하나님이 준비해 두신 합창단임이 분명했기에, 그들의 소리는 천사들의 합창 소리처럼 아름답게 들렸다. 그들은 자신들이 구원받고 찬양할 수 있다는 사실을 기뻐했다. 아침이면 교회에 와서 연습하고 예배당 공사도 도왔다. 집회 때에는 안내도 도맡아 하고, 식사 준비도 함께 했다.

장사를 하는 한 자매님이 채소를 잔뜩 들고 교회로 찾아왔다.

"선교사님, 저렇게 많은 사람들을 먹이려면 돈도 많이 들고 필요한 식재료도 많을 텐데, 제가 이거로라도 함께하고 싶어요."

그 채소는 자매님이 한 주 동안 팔아서 생활해야 할 전부였다. 두 렙돈을 드린 과부처럼 자신의 전부를 집회 준비에 드렸다.

다른 자매님은 "멀리 지방에 있는 가족을 초청하고 싶은데 우리 집에는 잘 수 있는 공간이 없어요. 집회 기간 동안 교회에서 말씀을 들으며 지내도 될까요?"라고 물었다. 복음을 듣기 위해 지방에서 온다는데 마다할 이유가 없었다. 나는 모든 사람을 받았다. 함께하는 사람들이 갈수록 늘어났고, 교회는 순식간에 사람들로 북적였다. 꿈만 같았다.

마른하늘에 날벼락

두 번째 집회를 시작했다. 해가 쨍쨍한 오후였다. 내가 십자가에서 우리 죄를 위해 돌아가신 예수님을 이야기하며 양손을 쫙 펼쳤는데, 그 순간 갑자기 마른하늘에 날벼락이 쳤다. 우리 예배당은 마당에 쇠로 된 기둥만 있고 그 위에 양철 지붕을 씌운 구조라, 자리에 앉아 있으면 강단과 함께 하늘이 보인다. 때아닌 날벼락에, 말씀을 듣던 사람들이 몸을 움츠리며 깜짝 놀랐다. 나는 한창 복음을 전하는데 분위기가 깨질 것을 염려해, 예수님이 돌아가시던 때에도 지금처럼 천둥과 벼락이 쳤다고 말했다. "벼락 덕분에 여러분 마음에 그날이 더 생생하게 기억될 것 같네요." 그렇게 첫날 집회를 마쳤다.

다음 날, 전도하던 형제들이 동네에 이상한 소문이 돈다고 했다. 전날 집회에 참석한 동네 주민들이 "선교사님이 말씀을 전하는 도중에 갑자기 마른하늘에 날벼락이 치면서 찬바람이 의자 사이로 휙 들어왔는데, 마치 성령이 임한 것 같았다."라고 말했던 것이다. 너도 나도 그렇게 느꼈다고 했다. 심지어 어떤 사람은 "그 선교사님이 말씀을 전하는데 예배당에 천사가 내려왔다."라고 했다. 집회 참석자가 많다 보니 "나도 현장에 있었는데 그렇게 느꼈다."라고 해, 삽시간에 우리 교회는 천사가 내려온 교회로 소문이 났다.

'도대체 어떤 교회길래, 어떤 말씀을 전하길래 그런 일이 일어나지?' 하고 궁금증을 가진 사람들이 많아졌다. 그날부터는 따로 전도하지 않아도 집회에 참석하는 사람들의 수가 계속 늘어났다. 사람들이 그렇게 순수했다. 나는 속으로 '하나님은 어찌 그리 타이밍도 기가 막히게 내가 손을 펼쳤을 때 번개를 내려 주셔서 우리를 도우시나'라고 생각했다. 하나님은 날벼락을 통해서도 집회를 도우셨다.

어느 날 새벽, 성경을 읽다가 잠언 12장 26절에 있는 **"의인은 그 이웃의 인도자가 되나"**라는 구절이 마음에 남았다. 그 말씀이 나에게 새 마음을 주었다. '내가 이 교회의 인도자일 뿐 아니라 이웃들의 인도자로 하나님이 부르셨구나!' 나는 그동안 교회에 초점을 맞추고 일했는데 하나님은 나를 이웃의 인도자라고 하셨다. 말씀이 마음에 들어오자 생각이 달라졌다. 이웃들과 동네를 위해서도 일해야겠다는 마음이 일어났다. 하나님이 말씀의 빛으로 내 마음의 지경을 넓히신 것이다.

동네에는 아직 "이곳은 안 좋은 곳이야."라고 말하는 사람들이 많았다. 나는 그들에게 하나님의 마음을 전하고 싶었다. 어떻게 하면 동네 사람들을 더 만날 수 있을까 고민하다가, 동네 사람들을 위한 새벽 예배를 드려야겠다는 마음이 들었다. 새벽 예배는 한국에만 있다고 보통 말하는데, 아이티의 많은 교회에서도 새벽에 예배를 드린다. 날이 덥고 전기가 없다 보니, 무더운 때를 피해 선선한 새벽에 예배를 드리는 것이다. 그런데 동네 주민들은 새벽에 예배를 드리러 올 수 없었다. 어두운 골목길을 지나오는 것이 겁나기 때문이다.

주민들을 새벽 예배에 초대하려면 그들이 올 수 있는 환경을 만들어야 했다. 태양열 가로등이 떠올랐다. 우리 마음에 빛이 임하면 어두움이 물러가듯, 동네에 밝은 가로등을 설치하면 사람들 마음에서 불안감이 적어지고 치안도 좋아지겠다는 생각이 들었다. 아이티는 햇볕이 강해 태양열 관련 물건들이 많다. 마트에서 200와트짜리 태양열 가로등을 네 개 샀다. 가장 밝은 등이었다. '동네에 가로등이 설치되면 주민들이 얼마나 기뻐할까?' 빨리 가로등이 설치된 동네를 보고 싶었다. 좀도둑이 많아 아무 곳에나 설치할 수 없어서, 골목 가에 위치한 담이 높은 주민들의 집을 찾아갔다.

"우리가 여기에 기둥을 세우고 태양열 가로등을 설치해서 길을 비춰도 될까요?"

모두 흔쾌히 마당을 내주어, 네 개의 태양열 가로등이 동네에 설치되었다. 불을 켜던 밤, 주민들이 모두 나와 우레와 같은 박수를 치며 기뻐했다.

"우리 동네에 이런 교회가 생겨서 정말 자랑스러워요!"

"어두워서 골목을 다닐 때마다 늘 가슴을 졸여야 했는데, 이제는 동네가 훤히 보이니 안심이에요!"

가로등은 생각보다 훨씬 밝았다. 마치 동네 저 안쪽까지 다 보이는 것 같았다.

우리는 동네 주민들을 새벽 예배에 초청했다. 교회에 사는 식구들과 늘 모이다가, 선선한 새벽에 맑은 정신으로 예배를 드릴 수 있어서 감사했다. 한 여학생은 교복을 단정하게 입고 다섯 시부터 예배당에 앉아 있었고, 직장에 다니는 사람들은 출근하기 전에 교회에 들러 말씀을 들었다. 새벽에 돌아다니는 것을 부담스러워하던 사람들이 밝은 가로등이 생기자 새벽부터 교회에 찾아왔다.

새벽에는 잠언 말씀을 하루에 한 장씩 전하고, 오후에는 집회를 하며 복음을 전했다. 그렇게 8주 동안 쉬지 않고 복음을 전했다. 나는 그 8주를 잊을 수가 없다. 매일 말씀을 듣기 위해 찾아오던 많은 사람들, 말씀을 듣고 감격해하던 모습들, 그리고 그들의 입에서 말씀이 나오고 소망스런 이야기가 나오던 순간들…. 빛이 비취니 사람들 마음에서 어둠이 물러갔고, 동네가 새로운 동네가 된 것 같았다.

식사 준비를 돕던 아주머니들도 구원을 받았고, 그분들을 중심으로 자매 모임이 형성되었다. 부인 자매님들은 구원받자 가장 먼저 가족을 떠올렸고, 서로 우리 부부를 자신들의 집으로 초대했다. 남편은 아내가, 자녀들은 어머니가 달라진 모습을 보고 마음을 활짝 열었다. 내 아내는 매일 오전 교회에서 자매들과 모여 성경 공부를 했다. 그들은 말씀 듣기를 사모했고, 가족과 이웃들에게 복음이 전해지길 간절히 기도했으며, 또한 전도했다.

어떻게 보면, 내 인생에서 가장 위험한 지역에서 살았던 순간이다. 아무것도 모르고 그곳에 들어갔지만 하나님은 형편이 아닌 하나님을 바라보게 하셨다. 사탄은 어디를 가든지 가라지를 바라보게 하려고 안달이었지만 우리는 그것들을 뽑으려고 하지 않았다. 어두움을 내쫓으려고 소리치거나 애쓰지 않았다. 우리 마음에 예수님이 빛이 되셔서 모든 어두움을 물러가게 하셨듯, 그저 사람들에게 복음을 전했다. 복음이 사람들을 변화시켰다.

따바 교회 개척은 분명한 하나님의 인도였다. 사람들은 내게 자주 물었다. 도대체 어떻게 아이티에서 사느냐고. 그렇게 묻는 사람들은 외국인들이 아니었다. 아이티 사람들이었다. 자신들도 견디기 힘든데, 그래서 해외로 나가는 것이 꿈일 정도로 소망이 없는 나라인데, 어떻게 이런 곳에서 선교를 하고 있느냐고, 죽을 뻔한 일을 겪고도 왜 이곳에 있느냐고 물었다. 고백하건데, 나에게는 아이티를 사랑하는 마음이 없었다. 내 마음속에 있는 사랑은, 내가 감당할 수 없는 문제를 만나면 금방 날아가버리는 그런 사랑이었다. 내가 분명히 아는 한 가지 사실이 있다. 나를 이곳에 보내신 분이 하나님이라는 것. 더 이상 무슨 이유가 필요할까?

10장

납치

납치

전화기가 울렸다. 모르는 번호였다. 무심코 전화를 받았다.

"알로(Allô)?"

내가 어딘가에 성경을 두고 갔는데 자신이 보관하고 있으니 와서 찾아가라고 했다. 확인해 보니 내 성경은 내 책상 위에 있었다.

"내 것이 아니에요. 내 성경은 나에게 있어요."

그는 갑자기 횡설수설하며 아이들 용품이 몇 가지 있는데 당신 것이니 와서 찾아가라고 했다. 아이들은 학교에 바래다줄 때 외에는 함께 나간 적이 없기에 이상했다. 게다가 그날은 따바 교회 예배당이 완성되어 기념 예배를 드리는 날이었다. 많은 사람들이 참석하기로 했기에 예배당도 마저 정리해야 했고, 300인 분의 식사 준비로 전날 새벽부터 하루 종일 해야 할 일이 산더미였다. 분주한 와중에, 전화를 끊지 않고 끈질기게 밖으로 나와서 무얼 가져가라고 하는 그와 전화기를 붙들고 이야기하고 있을 여유가 없었다. 전화기를 현지 전도자에게 넘겨주고 나는 예배를 준비하러 갔다.

따바 교회 기념 예배

네 개 도시에서 성도들과 사역자들이 미리 와서 기념 예배 준비를 도왔다. 오랜만에 한자리에 모이니 꼭 축제를 준비하는 것 같았다. 개척하고 짧은 몇 달 사이에 돕는 성도들을 많이 붙여 주신 하나님의 역사를 보고 다들 놀라워했고, 이곳에 복음 전하기를 원하시는 하나님을 찬양했다.

기념 예배에는 300명이 넘는 사람들이 찾아와 준비한 의자에 다 앉을 수 없었다. 의자를 강대상 앞까지 바짝 당겨서 앉고, 강대상에서 보이지 않는 계단에도 사람들이 앉았다. 그래도 자리가 부족해, 대문을 활짝 연 뒤 일부는 밖에 서서 예배를 드려야 했다. 가버나움에 예수님이 계시다는 소문을 듣고 사람들이 모여들어 문 앞에라도 용신할 수 없었다는 성경의 한 장면 같았다. 지난 8주 동안 이어진 집회에서 복음을 듣고 구원받은 사람들이 이웃을 초청해 많은 사람들이 찾아온 것이다. 몰려오는 사람들을 보며 꿈을 꾸는 것처럼 감격스러웠다.

따바 교회 예배당 건축 기념 예배. 아이티 성도들이 한자리에 모여 축제 자리 같았다.

우리가 전도한 것이 아니라, 하나님이 인도하신 사람들이었다. 그들의 아픔과 불안을 코앞에서 보았기에, 집회에 참석해서 기뻐하고 변화되는 그들의 모습이 우리 마음에 큰 위로가 되었다. 교회를 시작했을 때에는 모두 안 될 거라고 했지만, 하나님이 우리를 지키시고 인도하셨음을 그 자리에 참석한 모든 사람이 분명히 볼 수 있었다.

오까이에서 교회를 개척했을 당시, 우리 집은 전기가 들어오지 않는 월세 10만 원의 작은 집이었다. 해가 지고 나면 아무것도 할 수 없었다. 일찍 잠이라도 청하려고 누우면 방안에 열기가 가득해 사우나에 온 것처럼 뜨거웠다. 모기떼와 싸우느라 잠을 설치는 날이 많았고, 모기에 물려 가려움을 참지 못하는 아이들의 다리는 벅

벅 긁어 피투성이가 되었다. 게다가 외진 곳에 있어서 사람들이 찾아오기 쉽지 않았고, 집 앞 도로가 낮아 폭우가 쏟아지면 거리가 잠겨서 오갈 수도 없었다.

형편은 절벽을 만난 것처럼 막막했지만, 뒤돌아보면 순간순간 하나님이 도우시고 생각지 못한 아름다운 길로 인도하셨다. 당시 나는 많은 교회에 초청을 받았다. 우리는 집회에 아이들을 데리고 다녔다. 대부분 천막으로 지어진, 스피커조차 없는 가난한 시골 교회였기에 말씀을 전하고 나면 와이셔츠가 늘 땀으로 흠뻑 젖었다. 아이들은 엄마 곁에 기대고 앉아서, 딱딱한 나무의자 위에서 두 시간이고 세 시간이고 제대로 알아듣지도 못하는 현지어 설교를 들었다. 설교가 끝날 즈음이면 해는 저문 지 이미 오래였고, 아이들은 어느새 잠이 들어 있었다. 그새 모기에 얼마나 물렸는지 진물이 흐르는 아이를 안쓰러운 마음으로 안고 집으로 돌아오는 길, 어느새 잠에서 깬 아이가 내 귓가에 속삭이곤 했다.

"아빠, 아빠는 말씀을 전할 때가 제일 멋있어. 복음 전하는 모습이 제일 멋져."

아이의 말은 아이에 대한 안쓰러움과 육체의 고단함을 순식간에 씻어내 주었다. 나는 그렇게 수없이 많은 밤을 아내와 아이들과 같이 우리를 따라오는 별무리와 함께 걷고 또 걸었다.

"여보, 사람들은 모를 거야. 우리가 얼마나 행복한지."

아내가 자주 했던 말이다. 나는 매일 밤 수많은 별들에 둘러싸여 있는 것 같았고, 세상에 나처럼 행복한 사람이 또 있을까 싶었다. 오까이에서의 추억이 주마등처럼 지나가며, 따바 교회 헌당 예배를 더욱 소망스럽게 만들어 주었다.

기념 예배에는 지방에 있는 사역자들도 모두 함께했다. 오랜만에 함께 모여 예배를 준비하고 간증을 나누면서, 꼭 명절을 보내는 것 같았다.

"여기 와서 선교사님 부부를 만나니까 꼭 고향에 와서 가족을 만난 것처럼 편안하고 기뻐요."

오까이에서 수도로 오는 길에 버스에 총을 쏘는 갱단을 만나 큰 일 날 뻔했던, 월센 전도사 부부의 이야기였다. 두 자녀와 드림대안학교 아이들을 데리고 오다가 갱단을 만났지만 하나님이 무사히 올 수 있게 지켜 주셨다. 갱단들로 인해 도로 상황이 나쁘다는 것을 잘 알기에 그들이 오지 않았다 해도 나는 충분히 이해할 수 있었지만, 모두 꼭 참석해야 한다며 위험을 무릅쓰고 달려왔다.

"사모님을 만나니 친정에 온 것 같아요."

팔론 사모는 내 아내를 무척 따랐다.

기념 예배를 마치고, 내게는 가족이나 다름없는 현지 사역자들이 내일이면 돌아가야 했다. 사역자들이 어려운 중에도 복음을 신실하게 섬기는 것을 잘 알기에, 돌아갈 여비와 약간의 헌금을 전해주고 싶었다. 아이티에서는 구드gourde라는 화폐를 사용한다. 사역자들에게 차비를 주려면 내가 가지고 있던 얼마 안 되는 달러를 현지 화폐로 바꿔야 했다. 우리는 아이티에서 은행을 거의 이용하지 않았다. 외국인은 어디를 가든 눈에 띄어 강도들의 표적이 될 수 있기 때문이다. 그래서 대형 마트에 장을 보러 갈 때 그곳에 있는 ATM기에서 돈을 찾거나 달러를 현지 화폐로 바꾸었다.

우리 집에서 차로 5분 거리에 있는 대형 마트는 외국인들도 많이 찾아오기에 돈을 바꾸기 가장 적합한 곳이었다. 나는 기념 예배를 마치고 돈을 바꾸기 위해 차를 타고 마트로 향했다. 아내와 같이 가려고 했다가, 기념 예배 후 식사까지 마치고 나니 정리할 것은 많고 일손은 부족해 나 혼자 나섰다. 그곳은 우리가 자주 이용하는 마트였다.

납치

오후 6시가 채 되지 않아 거리는 아직 밝았다. 우리 집은 큰길 바로 옆, 동네로 들어가는 골목 입구에 위치해 있었다. 차를 타고 집에서 나와 큰길로 접어들려고 하는데, 갑자기 어디선가 사방을 새카맣게 신팅한 차가 튀어나와서 앞을 가로막았다. '우리 동네로 들어가려는 차인가?' 생각하고 차를 멈추었다. 그런데 갑자기 복면을 쓴 남자 네 명이 커다란 소총을 들고 차에서 내리더니 순식간에 내 차를 둘러쌌다. 순간 몸이 돌처럼 굳었다.

설명하지 않아도 강도라는 것을 알 수 있었다. 나는 바로 내가 가지고 있던 돈을 전부 그들에게 건넸다. 몇 푼 아끼려다가 강도들에게 죽임을 당한 사람들의 소식을 여러 번 접했기 때문에 몸이 자동으로 움직였다. 그런데 그들은 나를 차에서 끌어내렸다. '이 사람들이 차를 가져가려고 하는구나' 생각하는 순간, 그들이 나를 차 뒷좌석에 밀어넣었다. '납치구나!' 위험 신호가 머릿속에서 경종을 울렸다.

그 무렵 아이티의 치안이 극도로 안 좋아지면서 사람들이 납치되는 소식을 자주 접했다. 납치범들이 인질들에게 행한 만행을 뉴스에서 자주 접했기에, 절대로 차를 타면 안 된다는 생각이 들었다. 순간적으로 팔과 다리로 차를 붙잡고 버텼다. 큰길이니까 경찰들이 지나가거나 사람들이 그 광경을 보고 소리를 지르면 갱단이 도망갈 수도 있지 않을까 싶었다.

내가 차에 타지 않으려고 버티자 그들은 총 개머리판으로 내 옆구리를 힘껏 내리치며 나를 때리기 시작했다. 얼마나 아픈지 견딜 수가 없었다. 버티고 있던 양팔이 몸을 보호하려고 자동으로 구부려졌다. 그 사이에 머리와 팔을 낚아채여 그대로 차안으로 끌려들어갔다. 한순간이었다. 그들은 내 머리를 두 무릎 사이에 완전히 처박아 넣고, 내가 입고 있던 와이셔츠를 찢어 내 머리 위로 뒤집어씌웠다. 움직일 수도 없고 아무것도 볼 수 없었다.

순식간에 일어난 일이었다. 그들은 숙달된 조교처럼 익숙하게 나를 제압했다. 내 좌우에 두 사람이 타고, 앞에 두 사람이 탄 채 나는 어디론가 끌려가기 시작했다. 차 안에서도 구타는 계속되었다. 그들은 나에게 겁을 주기 위해 욕을 하며 거칠게 행동했다. 정신을 차리기 힘들었다.

그들은 내 전화기를 빼앗아, 가족에게 전화하라고 했다. 아내에게 이 일을 알려야 했지만, 망설여졌다. 무장 갱단을 만나 아내와 함께 차 안에서 수십 발의 총알을 맞은 지 1년도 채 지나지 않았기 때문이었다. 아내에게 공황장애 증세는 더이상 나타나지 않았지만, 다시 놀랄 아내를 생각하니 선뜻 전화할 수 없었다. 갱단은 나를 계속 때리며 재촉했다. 어쩔 수 없었다. 나는 최대한 아내가 놀라지 않게 이야기해야 했다. 신호음이 울리자 목에 힘을 잔뜩 주었다. 아무것도 모르는 아내는 해맑게 전화를 받았다.

"여보, 왜? 벌써 장을 다 봤어? 언제 출발해?"

나는 목소리에 힘을 잔뜩 주었다.

"여보, 놀라지 말고 들어. 나 지금 납치돼서 가고 있어."

아내는 비명을 질렀다.

"여보, 어떻게 해야 돼? 어떻게 해야 돼?"

아내는 오열하듯 소리쳤다.

"일단 먼저 박 목사님께 전화를 드려."

그것 말고는 아무것도 생각나지 않았다. 그리고 바로 전화기를 빼앗겼다. 나중에 아내에게서 들은 이야기지만, 아내가 나와 결혼하고 11년 동안 그렇게 긴장한 목소리는 처음 들었다고 했다. 최대한 담담하게 이야기한다고 했지만 떨리는 마음을 숨기지 못했던 모양이다.

차는 한참을 달렸다. 그 사이 차를 세 번이나 바꿔 탔다. 그들은 낭떠러지를 달리는 것처럼 거칠게 운전했다. 차가 바뀔 때마다 내 옆에 타는 사람들의 목소리도 달라졌다. 나는 고개를 들 수도 없고 앞을 볼 수도 없기에 어디로 가는지 도무지 알 수 없었지만, 이들이 단순 강도가 아니라 납치를 수없이 해본 전문 갱단임을 금세 느낄 수 있었다.

시간이 한참 흐르고 이미 캄캄해진 저녁, 어느 장소에 도착했다. 그들은 내 얼굴에 안대를 씌우고 다시 복면을 씌워 앞을 볼 수 없게 했다. 갱단 가운데 한 사람이 내 손을 잡고 나를 어느 창고 안으로 인도했다. 발을 내딛는 것조차 힘들었다. 창고에는 나보다 먼저 납치되어 온 두 명의 남자가 있었다. 갱단과 내가 들어가는 것을 느낀 그들은 덫에 걸려 죽음을 기다리고 있는 짐승들처럼 심하게 떨고 있었다. 앞이 보이지는 않았지만 그들이 겁에 질려 있다는 것을 알 수 있었다.

갱단은 우리를 향해 총을 쏘며 소리를 질러댔다. 새로 잡혀온 내가 외국인이라 신기했는지, 내 앞에서 많은 사람들이 웅성거리는 소리가 들렸다. 그들 가운데 대장으로 느껴지는 남자의 목소리가 커질 때마다 총소리가 울렸다. 그들은 바로 내 앞에서 창고의 지붕을 향해 총을 쏘았다. 지붕은 양철이었다. "쾅!" 양철 지붕이 굉음을 울려 총소리가 두 배는 더 크게 느껴지는 것 같았다. 앞이 보이면 언제 쏘는지 알 수 있으니 대비라도 할 텐데, 볼 수 없으니 그들이 언제 총을 쏠지 전혀 알 수 없었다. 무방비 상태에서 듣는 총소리에 몸이 극도로 긴장했고, 발작하듯 떨렸다. 몸이 받는 충격이 너무 컸다. 나는 완전히 겁에 질렸다.

아침이 오지 않을 것 같던 밤

처음에 잡혀갔을 때만 해도 나는 운이 나쁘게 때마침 반대쪽에서 오던 갱단과 마주쳐서 납치를 당했다고 생각했다. 그런데 그들은 우리 아이들의 이름을 이야기했다. 아이들의 나이와 학교에 대해 알고 있고, 우리 가족을 비롯해 나에 관한 모든 정보를 가지고 있었다. 온몸에 소름이 돋았다. 계획적인 납치였다. 알고 보니, 기념 예배 때 나에게 전화한 것도 그들이었다. 그들은 내가 나오기만을 밖에서 기다리고 있었던 것이다. 운이 나쁘게 잡힌 것이 아니라, 그날이 아니어도 나는 언제든지 납치될 수밖에 없는 상황이었다.

아이티에서 오랫동안 선교한 어느 한국 선교사님의 이야기가 떠올랐다. 그는 가족과 함께 이동하던 중에 총을 든 강도들을 만났다. 그는 강도들에게 차에 아이들이 있으니 제발 쏘지 말라고 사정했고, 강도들은 아이들을 보고 선교사님 가족을 놓아 주었다. 하지만 아이들은 그날부터 트라우마에 시달렸다. 아이티 사람들이 다 강도로 보이기 시작한 것이다. 결국 그 선교사님 가족은 아이티를 떠났다.

'우리 아이들이 복면 쓴 갱단을 만났다면 얼마나 두려워했을까?' 나도 겁을 잔뜩 먹었기에, 아이들이 그런 일을 당했다면 평생 트라우마에 시달릴 수 있을 것이다. '아내가 함께 있었다면 얼마나 놀랐을까?' 안 그래도 겁이 많은 아내였기에, 어쩌면 그동안 잘 이겨왔던 일들이 한꺼번에 몰려올 수도 있었다. 나 혼자 납치를 당한

게 다행이었다. 그런데 이내 두려움이 파도처럼 몰려왔다. 집에는 아내와 아이들, 그리고 몇몇 현지인들밖에 없었다. 아내는 갱단이 우리 가족에 관해 알고 있다는 사실을 전혀 모르고 있었다. '차도 없는데 혹시 갱단이 우리 가족에게 해코지를 한다면….' 생각이 거기에 이르자 두려움은 쓰나미가 되어 나를 집어삼켰다. 아무것도 할 수 없고, 미칠 것 같았다.

잠시 후, 우두머리로 느껴지는 사람이 다가와 전화기를 건네며 아내에게 전화하라고 했다. 그들은 우리가 통화할 수 있는 시간을 충분히 주지 않았다. 나보다 먼저 잡혀온 두 사람이 먼저 가족과 통화했다. 그들은 가족이 인질의 목소리를 확인하자, 전화기를 빼앗아 가족들을 협박했다. 나는 초조했다. 전해야 할 말이 많지만 시간이 없었다. 아내는 그 사이에 선교회 본부에 연락해서 내가 납치되었다는 소식을 알리고, 박 목사님과도 통화했다. 아내가 전화를 받았다.

"여보, 시간이 별로 없어."

내가 속사포처럼 말했다. 아내도 눈치를 채고 빠르게 말했다.

"여보, 목사님과 통화했어. 목사님이 기도하신대. 아무 걱정하지 말래. 거기서 갱단한테 복음을 전하면 된대."

아내의 목소리는 처음과 달리 차분했다. 아내의 목소리를 듣자 마음이 조금 놓였다. 갱단은 이내 전화기를 빼앗았다. 다시 고성과 총성이 귀청을 찢었다.

잠자리는 불편했다. 흙바닥에 깔아놓은 천 위에서 자야 했다.

첫날 밤 비가 억수같이 내렸다. 양철 지붕 위로 매섭게 떨어지는 빗방울은 나를 더 공포 속으로 몰아넣었다. 바닥에는 금세 물이 흥건했고, 양철 지붕에 뚫린 구멍으로 곳곳에서 물이 쏟아져 내렸다. 모기는 어찌나 많던지, 비를 피해 모두 창고 안으로 들어온 것 같았다. 윙윙거리는 소리가 귓가를 괴롭혔다. 창고 한쪽에 웅크려 앉아 있는데 수많은 생각들이 물밀 듯 일어났다.

'아이들은 무사할까?' 아직 어린 아이들이 놀랐을 것을 생각하니 괴로웠다. '아내는 괜찮을까?' 나 없이 아이들을 달래며 이겨내고 있을 아내가 그리웠다. '부모님은 괜찮으실까?' 그동안 사랑한다는 이야기 한 번 못 해본 것이 후회되었다. 내가 선교사로 파송받을 때, 이제는 죽어도 여한이 없다고 하실 만큼 행복해하셨던 아버지의 얼굴이 떠올랐다. 내가 어릴 적에 몸이 자주 아파 늘 내 배를 쓰다듬으며 기도하셨던 어머니의 얼굴이 스쳐지나갔다. 모든 것이 멈춰버린 것 같았다. 도무지 아침이 오지 않을 것 같은, 내 인생에서 가장 길고 긴 밤이있다.

어느덧 비는 그치고, 한참을 지나고서야 닭이 울었다. 얼마 후 갱단이 창고에 들어오더니 함께 있던 두 사람을 차에 태우고 어디론가 떠났다. 그래도 셋이 있을 때에는 혼자가 아니라는 사실에 그나마 위안이 되었는데, 갑자기 나 혼자 덩그러니 남겨졌다. 더 많은 생각들이 내 머릿속을 어지럽게 뛰어다니기 시작했다. '아내와 아이들은 무사할까? 갱단이 해코지를 하지는 않았을까? 내 소식을 들은 부모님이 충격을 받고 쓰러지시진 않았을까? 왜 하필 나에게 이런 일이 일어났을까?' 사방에서 뛰어들어오는 생각들을 막을 수 없었다.

밤이면 모기 때문에 제대로 잘 수 없었고, 잠깐 잠이 들면 허리가 배겨 금세 잠에서 깨었다. 밤새 뒤척이다가 닭이 울 때에야 아침이 왔다는 것을 짐작할 수 있었다. 닭마저 없었다면 아침이 왔다는 것도 몰랐을 것이다.

그렇게 이틀을 혼자 있었다. 나는 살면서 정신적 한계를 경험해본 적이 없었다. 그런데 앞을 보지 못한 채로 지내다 보니 몸이 긴장해서 온몸이 부서질 것 같았다. 무엇보다 정신적으로 견디기 힘들었다. 처음으로 '이러다 내가 정신병에 걸릴 것 같다'는 생각이 들었다. 두려웠다. 한 번도 경험해 보지 못한 두려움이었다. 정신이 무너지고 있는 것이 느껴졌다.

도저히 못 견딜 것 같다는 한계가 찾아오던 순간, 문득 아내가 전해준 이야기가 떠올랐다.

"갱단한테 복음을 전하면 돼!"

나는 갱단에게 복음을 전할 생각을 전혀 하지 못했다. 차를 타기 전부터 맞았고, 차 안에서도 계속 두들겨 맞았으며, 창고로 온 뒤로는 그들이 나를 장난감 다루듯 했다. 내 앞에서 총을 수없이 쏘았고, 내가 놀라는 모습을 보고 깔깔거리며 웃었다. 너무 두려웠기에 복음을 전할 생각을 아예 하지 못했다.

한계에 다다르니, 그곳에서 나가야 한다는 생각은 사치였다. 살아야 한다는 생각도 할 수 없었다. 당장 정신을 차려야 했다. 눈이 가려지자 소리를 들으려고 귀가 예민해졌고, 작은 소리에도 극도로 긴장했다. 그런 상태가 지속되자 몸이 견뎌내질 못했다. 정신이 서서히 희미해져 갔다. 그럴 때면 꺼져가는 불씨에 '후' 하고 바람을 불 듯, 다시 귀를 바짝 세워서 소리에 집중하려고 했다. 하지만 이내 정신이 흐트러졌다. 소리를 듣는 것조차도 힘들었다.

정신을 잃지 않기 위해서는 복음을 전하는 길밖에 없었다. 나에게 이 모든 공포를 가져다준 그들에게, 두렵지만 복음을 전해야 했다.

믿을 수 없는 일

'어떻게 저들에게 복음을 전할 수 있을까?' 내가 성경 말씀을 이야기하고 싶다고 하면 그들이 콧방귀도 뀌지 않을 것 같았다. 나는 창고 안에서 비명을 지르며 데굴데굴 구르기 시작했다. 갱단이 나를 가까이에서 지켜보고 있는지, 멀리서 감시하고 있는지, 아니면 아예 보고 있지 않은지 감을 잡을 수 없었다. 몸에 힘이 없어서 오랫동안 구를 수는 없었다. 최대한 힘을 아껴야 했다. 나는 갑자기 뒹굴며 소리를 지르기 시작했다. 만약 내 소리를 듣고 그들이 와서 왜 시끄럽게 하냐며 나를 때린다면 이야기하기가 어렵겠지만, 혹시라도 무슨 일인지 나를 도우려고 한다면 이야기를 꺼내볼 수 있을 것 같았다. 남은 힘을 모두 짜내 악을 쓰며 뒹굴자, 두 사람이 창고 안으로 뛰어왔다.

"무슨 일이야? 왜 그래?"

금세 힘이 빠진 나는 숨을 헐떡이면서, '오래 전부터 앓고 있던 지병이 있는데 그 병이 지금 도지려 한다'고 했다.

"무슨 병인데 그래?"

"나는 정신병을 앓고 있어요. 사람들과 같이 있을 때에는 괜찮지만 혼자 있으면 증세가 심각해지는데, 이틀째 혼자 있다 보니 공포가 몰려와서 다시 발작 증세가 나타나려고 해요."

지푸라기라도 잡는 심정이었다.

"그럼 어떻게 해야 진정되는데?"

시끄럽게 한다고 화를 내지 않고 도와주려는 그들의 말을 듣자 용기가 조금 났다.

"혼자 있으니까 이런 증세가 나타나요. 나를 혼자 두지 말고 내 앞에 앉아 있으세요. 그리고 내가 하는 이야기를 들어주세요. 그러면 좋아져요."

그런 것은 아무것도 아니라는 듯, 그들은 털썩 자리에 앉았다.

"그래, 들어줄 테니 이야기해 봐."

의외로 너무 쉽게 내 부탁을 들어주었다.

나는 무슨 이야기부터 꺼내야 할지 몰랐다. 처음부터 예수님 이야기를 하면 그들이 자리를 떠날 것 같았다. 그때 박 목사님이 나에게 자주 하셨던 이야기가 떠올랐다.

"한솔아, 너는 다른 이야기 할 거 없어. 네가 얼마나 사고뭉치였는지, 그리고 그런 너를 하나님이 어떻게 바꾸셨는지 그 이야기만 하면 돼."

나는 내가 이전에 엉망으로 살았던 이야기를 시작했다. 아버지께서 나 때문에 자살하려고 하셨던 이야기, 가출해서 부모님이 나를 찾으러 다니셨던 이야기, 내일이 없는 것처럼 살았던 시간들…. 놀랍게도 거칠고 딱딱하게만 느껴졌던 그들이 내 이야기에 흥미를 갖기 시작했다.

"아니, 우리야 부모님도 안 계시고 먹을 것도 없고 일자리도 없으니까 이렇게 나쁜 짓이나 하면서 살지만, 당신은 좋은 나라에서 태어나 부족함 없이 자랐으면서 뭐가 그리 불만이 많아 사고를 치고 다닌 거예요?"

갱단은 내 이야기에 박수를 치고 재미있어 하면서 귀를 기울였다. 긴장이 조금씩 풀리기 시작했고, 하나님이 대화를 이끌어 가신다는 것을 느낄 수 있었다.

"그런데 그 사고뭉치가 선교사는 또 어떻게 된 거예요? 보니까 매주 사람들에게 복음을 전하고, 그 교회에 간 사람들은 다 좋아하더구만요. 어떻게 그렇게 변한 거예요?"

그들은 내가 달라진 것을 궁금해했고, 나는 나를 변화시키신 예수님을 이야기하며 그들에게 복음을 전할 수 있었다. 한평생 강도짓만 일삼다 십자가에서 자신을 위해 달리신 예수님을 발견하고 구원받은 강도에 대해 이야기하며 복음을 전했다. 그러자 그들이 말했다.

"그럼 나 같은 사람의 죄를 위해서도 예수님이 돌아가신 거예요? 나처럼 나쁜 짓만 일삼은 사람의 죄를 씻기 위해서요?"

그들이 복음을 받아들였다. 허구한 날 사람들을 납치하고 죽이는 일을 일삼고, 누구보다 마음이 굳어 있고 죄에 무감각한 갱단의 마음도 예수님의 사랑 앞에서 녹았다. 길길이 날뛰던 그들이 복음을 듣고 나자 거짓말처럼 잠잠해졌다. 이런 말씀을 처음 들어본다는 그들의 말을 듣고, 나는 어안이 벙벙했다. 믿기 힘든 일이 일어난 것이다.

완전히 달라진 온도

그때부터 갱단과 나는 친구가 되었다. 그곳에서는 모두가 나를 블랑(흰둥이)이라고 불렀다. 블랑은 존칭이 아니다. 외국인을 색깔로 표현해 쉽게 부르는 말이다. 그런데 갱단이 구원을 받더니 나를 블랑이라고 부르지 않았다. 목사님이라고 고쳐 부르기 시작했다. 그리고 지나갈 때마다 나에게 "불편한 것은 없어요? 필요한 것은 없어요?" 하며 나를 살폈다. 나는 이틀간 그들과 자주 앉아 말씀을 전하고 이야기를 나누었다.

5일째 되던 날, 그들은 나에게 복면을 벗으라고 했다. 내가 납치되었던 첫날, 나보다 먼저 잡혀 있던 두 사람이 신신당부했던 말이 있다. 어떤 경우에도 복면을 벗어서는 안 된다는 것이었다. 복면을 벗고 이곳이 어딘지, 그들의 얼굴이 어떤지 보는 순간 죽는다고 했다. 인질이 범인의 얼굴을 보는 순간 처참하게 죽었던 영화들이 떠올랐다. 그래서일까, 나는 복면을 벗을 생각도 못 하고 있었다.

그들이 나에게 복면을 벗으라고 한 순간, 나도 모르게 주저했다. '복면을 벗었다가 죽는 거 아냐?'라는 생각이 짧게 스쳐갔다. 하지만 이틀 동안 그들의 달라진 온도를 느꼈기에 용기를 냈다. 5일 만에 복면과 안대를 벗었다. 눈으로 빛이 들어오던 순간을 아직도 잊을 수 없다. 숨통이 트이는 것 같았다. 앞을 볼 수 있다는 것은 말할 수 없는 축복이었다.

늘 목소리로만 듣던 갱단의 얼굴을 처음 보았다. 상상 속의 그들 모습은 험상궂고 흉악했는데, 복면을 벗자 눈앞에서 중학생쯤 되어 보이는 앳된 아이들 둘이 총을 들고 해맑게 웃고 있었다. 새하얀 이를 드러내고 웃고 있는 아이들을 거리에서 만났다면 도무지 갱단으로 생각하지 못할 만큼 맑은 얼굴이었다. 내전이 있는 아프리카 여러 나라에서 아무것도 모르는 소년들을 총알받이로 세운다는 이야기가 떠올랐다. 아이티에서도 마찬가지였다. 갱들 중에서 가장 어린 소년들이 창고에 갇혀 있는 인질들을 관리하고 있었다. 나는 그 아이들의 밝은 얼굴을 보며 '이 아이들이 얼마나 기댈 곳이 없었으면 이런 일을 하며 사나?' 하고 마음이 아팠다. 그래서 그들에게 더욱 말씀을 전했다. 말씀만이 그들을 바꿀 수 있는 유일한 빛이기 때문이다.

창고는 오랫동안 사용하지 않은 흔적이 역력했다. 곳곳에 먼지가 수북했다. 그리고 얼마나 많은 인질들이 그곳에 있었는지, 여기저기에 오래된 쓰레기들이 가득했다. 창고 앞에는 그동안 제공받은 1회용 도시락들이 수북이 쌓여 있었다. 간간이 도시락 통을 사각사각 갉아 먹던 쥐들도 보였다. 환경은 열악했지만, 이제는 앞을 볼 수 있었다. 더이상 닭 울음소리를 듣고 아침을 맞이하지 않아도 되었다. 창고 안으로 쏟아져 들어오는 햇살을 맞는 것은 참으로 놀라운 일이었다. 한순간에 다른 세상이 되었다.

계속되는 구원의 역사

6일째 되던 날, 여섯 명이 납치되어 끌려왔다. 모두 안대와 복면을 쓰고 잔뜩 긴장한 채 서로 손을 잡고 갱단에게 이끌려 창고 안으로 들어왔다. 경찰, 목사, 의사 등 다양한 계층의 사람들이었다. 한 사람은 울면서 갱단에게 살려만 달라고 소리치고, 경찰은 뭐든지 협조할 테니 목숨만 살려 달라고 빌었다. 갱단이 자리를 비우자 나는 그들을 안심시켰다.

"저는 당신들보다 5일 먼저 납치되어 이곳에 왔어요. 지내는 게 불편하긴 하지만 저들이 우리를 죽이거나 그러진 않을 거예요. 걱정하지 마세요."

나는 그들을 계속 다독였다.

갱단은 그들을 협박하고 소리쳤지만, 나를 함부로 대하는 사람은 아무도 없었다. 오히려 내 안부를 묻고 존중해 주었다. 식사를 줄 때면, 늘 나를 불러서 가져가게 했다. 납치된 사람들은 내가 자신들보다 먼저 납치되어 그것도 외국인이 혼자 그곳에 5일이나 있었고, 그럼에도 멀쩡하고, 갱단이 나를 존중해 주는 것을 보고 나를 의지하기 시작했다.

흙바닥 위에 깔려 있는 천이 크지 않았기에, 잠을 자는 공간이 많이 협소해 일곱 명이 칼잠을 자야 했다. 그렇게 해도 자리가 비좁아 한 사람은 바닥에 누워야 했다. 팔을 구부리거나 다리를 구부릴 수도 없었기에 모두 딱 붙은 채로 누워 잠을 청했다. 누가 움직이기라도 하면 모두가 금세 알 수 있었다.

새벽이 되자 누군가 조용히 일어나 한쪽 귀퉁이에 앉았다. 그는 가족이 생각났는지 조용히 흐느꼈다. 소리를 내지 않았지만 그가 울고 있다는 것을 모르는 사람은 없었다. 모두 숙연해졌다. 누워 있던 나머지 사람들도 소리 없이 눈물을 떨구었다. 나는 일어나서 그들을 위해 기도했다. 내가 기도를 시작하자, 누워 있던 사람들이 모두 일어나 무릎을 꿇고 간절히 하나님을 찾았다.

사람들은 내가 기도해 주니 잠이 잘 온다며 밤마다 기도해 달라고 부탁했다. 자연스럽게 복면을 쓰지 않은 내가 그들의 눈이 되어 도와주며, 그들에게 복음을 전할 수 있는 기회를 가졌다. 나중에 들었지만, 그들 가운데 몇 사람은 우리 동네에서 얼마 떨어지지 않은 동네에서 사는 이웃들이었다. 우리 교회도 잘 알고 있었다. 그만큼 우리는 그 일대에서 유명했다.

내가 납치되기 며칠 전부터 납치가 빈번하게 일어났고, 많은 사람들이 무고히 죽었다는 뉴스가 연일 보도되었다고 한다. 그런 소식들을 알고 있기 때문에 잡혀온 사람들은 자신들 또한 죽을 수 있다는 생각에 두려워했다. 죽음 앞에서 사람들은 동일한 행동을 했다. 지금까지 자신이 지은 죄를 다 고백했다. 그들은 눈물을 흘리며 다시는 나쁜 짓을 하지 않을 테니 살려 달라고 하나님께 기도했다. 한참 후, 한 사람이 나에게 물었다.

"선교사님, 제가 그동안 악하게 살았던 것을 뉘우치는 회개기도를 드렸고, 다시는 죄를 짓지 않기로 마음을 정했습니다. 이제 하나님이 은혜를 베풀어주시겠지요?"

나는 그렇지 않다고 했다.

"당신이 다시는 간음하지 않을 수 있겠죠. 그런데 마음속에서 올라오는 음욕은요? 당신이 앞으로 도둑질하지 않을 수 있겠죠. 그런데 탐심은요? 하나님은 행동을 보고 심판하시는 것이 아니라 마음을 보고 심판하십니다."

눈물을 흘리며 기도하고 있던 사람들이 일순 조용해졌다.

"그럼 어떻게 해야 하나요? 이제 다시는 죄를 안 짓겠다고 해도 안 되면 방법이 없나요?"

애타는 마음으로 묻는 그에게 내가 대답했다.

"회개는 뉘우치는 게 아니에요. 참된 회개는 주님에게로 돌이키는 겁니다. 나에게서는 죽을 때까지 죄악된 마음이 올라옵니다. 나를 바꾸는 것이 아니라, 그런 나를 위해 돌아가시고 내 모든 죄를 씻으신 주님의 사랑을 받아들이고 그분을 바라보는 것이 참된 회개입니다."

나는 조용히 복음을 전했다. 그들은 내가 하는 말을 한 마디도

놓치지 않으려는 듯 귀를 기울였다. 나는 내가 얼마나 악하고 더러운 사람이었는지, 그런 나를 예수님이 어떻게 변화시키셨는지 이야기했다. 그들 가운데 복음을 듣고 구원받는 사람이 생기기 시작했다. 그러자 신기한 일이 일어났다. 분명히 언제 죽을지 모른다는 두려움 때문에 괴로워하던 사람들이었는데, 구원을 받자 전혀 다른 사람으로 변했다. 아무도 시키지 않았지만 자신의 마음에 임한 하나님의 사랑을 고백하기 시작했다.

"저는 매일 죄짓고 용서해 달라고 기도하고, 죄짓고 용서해 달라고 기도하고, 수십 년을 그렇게 살았어요. 그런데 예수님이 내 모든 죄를 십자가에서 단번에 씻으셨네요. 내 모든 죄가 십자가에서 끝났네요!"

목소리에 전에 없던 힘이 느껴졌다. 자신의 어리석음을 고백하고 그런 자신을 향한 예수님의 사랑을 이야기하는 사람들을 보며, 우리가 신앙 모임을 갖고 있는 것 같기도 하고 예배를 드리는 것 같기도 했다. 하루하루 분위기가 달라지고, 구원받는 사람들이 늘어났다. 사람들은 더이상 슬퍼하거나 울지 않았다. 오히려 하나님께 영광을 돌렸다.

한 갱단원이 창고를 지나가다가 안에서 들려오는 웃음소리를 듣고 나를 불렀다.

"선교사님, 저희가 수많은 사람들을 납치했는데 인질들이 안에서 모임을 갖는 건 처음 봅니다."

꿈만 같았다.

나는 다시 올 것입니다

며칠이 흘렀다. 나는 첫날 이후 아내와 통화하지 못했다. 내가 어떻게 지내고 있는지, 하나님이 어떻게 일하셨는지 아내에게 전해주고 싶었다. 나는 그 구역의 대장을 불렀다.

"아내와 통화하고 싶습니다. 아내가 잘 있는지 너무 궁금합니다. 목소리라도 듣고 싶습니다."

그는 전화기를 건네주었다. 오랜만에 들어보는 신호음이었다.

"여보세요?"

아내가 다급하게 전화를 받았다. 그리운 목소리였다. 하고 싶은 말이 많고 묻고 싶은 것이 많았지만, 복음을 전해 사람들이 구원받고 있으니 너무 걱정 말라고 했다. 아내는 그 사이에 목사님과 통화한 이야기를 들려주었다.

"여보, 목사님이 하나님께서 당신을 아이티뿐만 아니라 전 세계에서 힘있게 쓰시려고 이런 어려움을 주시는 거래. 당신은 훌륭한 하나님의 종이 될 거야."

아내는 목사님이 해주신 이야기를 마음에 담고 있었다. 나에게 이 이야기를 전해주려고 며칠을 간직하고 있었을 아내 마음을 생각하니 정말 고마웠다. 짧은 통화를 마치고 구역 대장에게 말했다.

"당신들의 두목을 만나고 싶습니다."

그는 몹시 의아하다는 눈빛으로 나를 바라보았다. 납치를 당하면 외국인은 말할 것도 없고 현지인들도 몸서리를 치며 아이티에서 살고 싶지 않아 해외로 가거나 시골로 이사를 가는 경우가 허다

하다고 한다.

"나한테 두목을 만나게 해달라는 사람은 당신이 처음이요. 무엇 때문에 만나려는 거요?"

그는 흥미로워했다.

"비록 당신들이 나를 납치했지만, 나는 여기서 풀려나면 다시 아이티에서 복음을 전할 겁니다. 당신들이 나를 또 납치하더라도 나는 또다시 아이티에서 복음을 전할 겁니다. 나는 사업하는 사람도 아니고 돈으로 선교하는 사람도 아닙니다. 나는 복음을 전하는 복음 전도자입니다."

나는 그에게 그동안 무전 전도 여행에서, 감옥에서, 갱단의 습격에서 나를 돕고 지키시며 복음을 전하게 하신 하나님을 이야기했다.

"아이티에 복음을 전하는 것이 하나님이 나에게 주신 사명이라고 생각합니다. 나는 당신 두목에게 이야기하고 싶습니다. 내가 풀려나면 나와 우리 가족, 그리고 우리 교회 성도들을 더이상 붙잡지 말라고요. 우리는 이곳에서 아이티 사람들에게 복음을 전하고 싶습니다."

그는 몹시 놀란 얼굴로 나를 바라보았다.

"지금까지 당신처럼 이야기하는 사람은 단 한 사람도 없었소. 지금은 두목이 수배중이라 당신을 만날 수 없지만, 만약 당신이 나가게 되면 내가 이 이야기를 두목에게 꼭 전하겠소. 그리고 만날 수 있도록 자리를 만들어 주겠소. 당신은 내가 본 선교사 중에서 진짜 선교사요."

그는 자신이 조직의 부두목이라고 하며, 나를 향해 마음을 활짝 열었다. 너무 더운 날에는 내가 체력이 떨어질까봐 시원한 음료수를 사다 주기도 했다. 오랜만에 먹는 탄산음료의 맛이란! 나는 인질이었지만 인질이 아니었다.

며칠 안 지나 부두목이 찾아왔다.

"곧 집에 데려다줄 테니 준비하세요."

어두워진 지 한참 지났기에 생각지도 못한 일이었다. 한 갱단원이 차를 몰고, 부두목이 직접 앞자리에 탔다.

"선교사님, 원래 아이티 사람들은 아무데에서나 풀어 줍니다. 알아서 집에 찾아가라고요. 그런데 당신은 길도 모르고, 이곳에 우리 말고도 수십 개의 갱단이 있어서 그들의 표적이 될 수도 있어요. 내가 안전한 곳까지 직접 데려다 줄게요."

납치된 지 만 14일이 지난 뒤였다.

밥은 하루에 한 끼만 주어 종일 배가 고팠고, 폭염에 양철 지붕 창고 안은 사우나 안에 있는 것처럼 찌는 듯이 더웠다. 씻지 못하니 몸에서는 땀냄새로 악취가 풍겼고, 밤이면 윙윙거리며 괴롭히는 모기떼들 때문에 잠을 이룰 수 없어서 옷을 벗어 귀를 틀어막고 자야 했다. 때로는 몸이 부서질 것처럼 아프기도 했지만, 복음을 전하고 간증을 나누면서 우리는 그곳에서 서로 형제처럼 지냈다. 갱단과 인질로 잡혀온 사람들 모두와 가까워졌다. 복음은 그 캄캄한 창고 안에서 무엇보다 밝게 빛을 내었다.

기적 같은 일상

아이티에서 10년을 같이 사역한 아벨 전도사가 고물 오토바이를 끌고 나를 데리러 왔다. 그는 나를 보자마자 눈물을 글썽이며 와락 끌어안았다. 오랜만에 느끼는 차가운 밤공기였다. 아이티의 모든 지역을 가본 것은 아니었지만 '이렇게 후미지고 외진 곳이 있구나' 싶을 정도로 열악한 곳이었다. 길 위에 잔뜩 깔린 돌멩이들로 인해 오토바이가 지나가기 힘들면, 내려서 오토바이를 밀었다. 아벨은 나를 데리러 오는 길에 갱단을 세 번이나 만났다고 했다. 내가 뭐라고, 나를 데리러 그 위험한 곳까지 직접 찾아온 그가 너무 고마웠다. 아이티 식구들은 나에게 가족이었다.

집이 가까워지고, 저 멀리서 나를 기다리고 있는 아내의 모습이 보였다. 아내는 살이 쏙 빠지고 수염이 덥수룩한 채 씩 웃는 나를 보자 그제야 믿어지는 듯 엉엉 울었다. 거울을 보니, 내 꼴이 말이 아니었다. 수염은 덥수룩하게 얼굴을 뒤덮었고, 몸은 앙상했다. 그동안 씻지 못해 몸에서는 악취가 진동했고, 모기에게 얼마나 뜯겼는지 팔다리는 물린 자국으로 가득했다. 문득, 나 때문에 마음고생을 가장 많이 하셨던 아버지가 떠올랐다. 아버지에게 영상 전화를 걸었다.

"여보세요?"

아버지가 전화를 받으셨다.

"아버지, 저예요."

"……."

아버지의 목소리가 들리지 않았다.

.

.

.

핸드폰 화면을 보니,

.

.

.

화면 속에서 아버지는 꺼이꺼이 울고 계셨다.

나는 아버지께서 그렇게 우시는 것을 한 번도 본 적이 없다. 늘 나는 뒷전이라고 생각했는데, 사실은 세상 무엇보다 소중한 아들이었다. 아버지의 눈물 앞에서 애써 참아왔던 눈물보가 터졌다. 나는 어린아이처럼 울었다. '내가 이렇게 사랑받는 사람이었구나.' 그동안 당연하게 여겼던 수많은 것들이 얼마나 기적 같은 것들이었는지, 나는 비로소 깨달았다. 아버지는 세상 누구보다 따뜻하고 위대하게 내 마음에 다가왔다.

몸을 회복할 겸 바로 한국에 나왔다. 3년 만의 한국행이었다. 박 목사님은 나를 보자마자 꽉 안아 주셨다.

"고맙다, 고마워!"

나중에야 알았다. 목사님이 내가 납치되었다는 소식을 듣고 풀려나는 날까지 성도들과 함께 기도하셨다는 것을. 성도들도 나를 따뜻하게 맞아 주셨다. 세상에 이런 교회와 목사님이 어디 있을까? 나는 정말 행운아였다. 많은 분들의 기도와 사랑 속에서 나는 빠르게 회복되었다.

납치를 경험한 대부분의 사람들이 '외상 후 스트레스 장애'를 호소한다고 한다. 밤에 집에 도둑이 들고 나면 복도를 지나가는 사람 발자국 소리만 들어도 깜짝 놀라듯, 트라우마에 시달린다고 한다. 그런데 나는 그 날들이 잊고 싶은 끔찍한 기억이 아니라, 세상에서 가장 열악한 곳에 14일간 전도 여행을 다녀온 것처럼 하루하루 도우신 하나님이 기억에 더 크게 남아 있다.

복음의 힘은 얼마나 놀라운지, 나쁜 짓만 일삼던 갱단의 마음도 변화시켰고, 언제 죽을지 몰라 두려워하는 사람들에게도 소망을 주며 변화시켰다. 그 광경들을 나는 현장에서 생생히 목격할 수 있었다. 세상에는 나보다 잘나고 뛰어난 사람들이 많지만 하나님은 가장 형편없고 부족한 나를 선택하셨고, 때로는 어디로 가야 할지 모르는 내 걸음을 세밀하게 인도하시고 나를 당신의 눈동자처럼 지키셨다.

형편없는 나를 변화시키신 주님

어느덧, 아이티에서 보낸 시간이 11년이 흘렀다. 이 책에 다 담을 수 없을 만큼 많은 시련과 어려움들이 있었지만, 나는 내 인생에서 가장 값지고 보람된 시간을 보냈다.

나는 오랫동안 내 인생의 가라지를 뽑으려는 신앙생활을 했다. 그러나 가라지는 뽑고 나면 다시 자랐다. 그럴 때마다 절망하고, 결국 하나님과 교회에 등을 돌렸다. 가라지를 뽑으려고 하는 종들에게 주인은 가만두어라고 했다. 가라지를 뽑다가 알곡이 상할까 염려했기 때문이다. 오늘날 얼마나 많은 사람들이 가라지를 뽑으려고 하는가? 문제를 제거하고 스트레스를 없애는 것이 최선이라고 생각한다. 그러나 성경은 전혀 다른 이야기를 한다. 가라지를 가만두고 알곡을 보라는 것이다. 종들의 마음은 가라지에, 주인의 마음은 알곡에 있었다.

가라지 예화 뒤에 겨자씨에 관한 이야기가 나온다. 이 씨는 가장 작은 것이로되, 자라면 커다란 나무가 되어 공중의 새들이 와서 깃들인다고 했다. 새들이 쉴 수 있는 나무가 되는 것이다. 그때부터 종들에게 가라지는 아무 문제가 되지 않았다. 가라지를 뽑는 것보다 알곡이 자라는 것이 훨씬 중요하니까. 가라지가 많은 나였지만 알곡 되신 예수님을, 말씀을 바라본 순간 내 인생은 달라지기 시작했다.

하나님은 가라지가 없는 뛰어나고 선한 사람을 찾으시는 것이 아니다. 연약하고 부족해도, 알곡 되신 예수님을 바라보는 사람을 찾으신다. 아브라함이 그런 사람이었고, 다윗이 그런 사람이었다. 누구보다 형편없고 못난 사람이었던 내 인생도 약속대로 변화시키셨다.

이 글을 읽는 분들도 알곡 되신 예수님을 바라보는 순간, 가라지는 여전히 있지만 더이상 문제가 되지 않는 놀라운 순간을 경험하게 될 것이다. 그리고 새들이 깃들이듯, 많은 사람들이 예수님 안에서 쉬는 것을 보게 될 줄 믿어 의심치 않는다. 주님을 바라볼 수 있도록 언제나 이끌어 주신 나의 영적 스승 박옥수 목사님, 늘 든든한 울타리가 되어 준 가족, 그리고 피부도 언어도 다른 나를 가족처럼 받아준 아이티 식구들과 아이티를 위해 기도하고 함께해 주신 성도 분들께 깊은 감사의 인사를 전한다. 무엇보다, 세상에서 가장 형편없던 내 인생에 보석과도 같은 많은 간증을 주시고 나와 함께하신 하나님께 모든 영광을 돌린다.

아이티 안녕!

초판 2023년 08월 17일
4쇄 2024년 02월 20일

지은이 이한솔

책임편집 박민희
북디자인 권은혜

발행처 도서출판 기쁜소식
출판신고 제2006-44호
주 소 서울시 양천구 신월로24길 8
문의처 02-2690-8860
이메일 edit@goodnews.kr
인쇄·제본 프린트세일

ISBN 978-89-6443-101-6 (03230)